上達のコツ

コツをつかめば、
誰でもレベルを
上げられる

中山和義

テニスネットワーク理事長
心理カウンセラー

きずな出版

はじめに

錦織圭《にしこりけい》選手が大きく飛躍した、その変化に上達のコツがある

上達をするためには努力は必要です。しかし、それだけでは、足りません。せっかくの努力が上達を妨《さまた》げてしまう原因をつくってしまうこともあります。

「あの人は何でもすぐに上達できる」といわれる人と、何をやってもなかなか上達できない人がいます。その違いは、上達のコツを知っているかどうかです。

そして、このコツを知っているかどうかは、仕事の能率を上げるだけではなく、趣味などを通じて、プライベートにも影響を与えます。

上達のコツを知ることで、人生が大きく変わることもあるのです。

最近、その活躍が話題となっているテニスの錦織圭選手を例に考えてみましょう。

●マインドを切り替える

錦織選手は、2014年、テニスの全米オープンで決勝に進出し、その後もマレーシアオープン、日本でおこなわれた楽天オープンも優勝、アジア人として初めて、年間のチャンピオンを決めるATPファイナルに出場しました。

何が彼の大きな飛躍に貢献《こうけん》したのでしょうか？

錦織選手が飛躍できたポイントの一つに、自分自身に対する考え方が大きく変わったことがあります。

彼は、新しく迎えたマイケル・チャンコーチから、精神面に大きな影響を与えられました。

「考え方を変えれば、自分自身の行動が変わって、結果も大きく変わる」

そのことを錦織選手が自らの大きな飛躍を通じて、証明してくれました。

2013年の終わり頃から指導を始めたマイケル・チャンコーチは錦織選手に対して、対戦相手に対する考え方、特にランキング上位の選手に対してのマインドを変えるように指導します。

フェデラー選手との決勝戦の前に、錦織選手が、

「フェデラーと決勝で対戦するなんてワクワクします。彼は偉大な選手で、昔から私の憧れの選手なんです」

とインタビューで答えました。

それに対してマイケル・チャンコーチは、錦織選手に厳しく指摘します。

「尊敬する選手であっても、コートの上では自分の行く手を阻《はば》む邪魔な存在でしかない」

トップ選手に対して必要なのは、憧れではなく、「勝てる」という強い気持ちを持って戦うことだと彼に伝えます。

さらに、トップ選手と対戦する前には、「**絶対に勝てる**」「**自分を信じなさい**」という言葉を繰り返し言いつづけました。

そして、チャンコーチの思惑《おもわく》通りに、その考え方は徐々に錦織選手に浸透《しんとう》していきます。

インタビューではあまり大きなことを言わなかった彼が、あえて前向きな言葉を使って話

すようになっていきました。

全米オープンの4回戦で、ラオニッチ選手との4時間19分にも及ぶ熱戦を制して、ベスト8入りを決めた彼は、その試合後のインタビューで、

「勝てない相手はもういないと思います」

自信に満ちた表情で、テレビカメラに向かって答えていました。

勝負の世界では、相手に勝てないと思ってしまったら、もう逆転することはできません。

つまり、そう考えた時点で負けが決定することになります。

勝つためには、どんなに追い込まれても、試合終了の瞬間まで、「私は勝てる。絶対に挽《ばん》回《かい》できる」と信じて努力を続ける必要があります。あきらめずに戦う、その努力が上達に大きく貢献するのです。

もしも、いつも試合の最中に、「この相手にここまで善戦をできれば満足だ」と思っているとしたら、実力は上がっていきません。

これはスポーツの世界だけのことではないと思います。

仕事でも、「私には、ちょっと無理です」とか「ここまでできれば満足です」と思ってい

る限り、技術を大きく上達させるのは難しいのです。

錦織選手はマイケル・チャンコーチから影響を受けて、考え方を変えることで飛躍しました。錦織選手のようにマインドを変えることで、上達できるチャンスは、誰にでもあります。

●練習を変える

錦織選手はマインドを変えることで飛躍しましたが、もちろん、彼の飛躍の原因はそれだけではありません。強いマインドを持っているのが当たり前のようなトッププロの世界は、それだけで飛躍できるほど甘くはありません。

彼の飛躍を支えたもう一つのポイントは、マインドを変えることと並行して、マイケル・チャンコーチがおこなった徹底的な練習にありました。

彼はどのような練習を錦織選手におこなったのでしょうか？

私も長年お世話になっている福井烈《つよし》さんは、全日本選手権で3連覇を達成した方ですが、

ＮＨＫの「週刊ニュース深読み」に解説者として呼ばれて、マイケル・チャンコーチがおこなった練習方法について説明されていました。

福井さんは、錦織選手が強くなったポイントは、従来から彼が持っていた天才的な「ひらめきのショット」に加えて、ショットの安定性が格段に向上したことにあるといいます。そして、その要因となっているのが、マイケル・チャンコーチが錦織選手に対して徹底的におこなった基本練習にあると解説していました。

福井さんは、その練習について、スタジオで実際にお手本を見せながら説明されていましたが、それは、コーチが手でゆっくりと投げたボールを、選手が打つという簡単なものでした。

この練習方法は、一見しただけでは、テニススクールのレッスンで初心者がおこなうような練習と変わらないものでした。

それを見ていた女性アナウンサーが、

「私も同じような練習をしたことがあります」

と言っていましたが、福井さんは初心者と錦織選手がおこなう練習の違いについて、

「錦織選手の練習は、その精度が違うんです。ボールがラケットに当たる場所を細かくチェックしているんです。ラケットに当たるボールの位置が数ミリ違えば、相手のコートでは何センチも違うことになりますから……」

と解説されていました。

この福井さんの説明は、テニスをやったことのある人や、ゴルフや野球のように道具でボールを打つスポーツを体験したことのある人ならわかると思います。

たしかに福井さんの言うように、ゆっくりと手で投げてもらったような簡単なボールでも、ラケットの同じ場所で、繰り返しボールを捉《とら》えつづけるのは、考えている以上に難しい技術です。

単純な練習ほど、同じことを正確に繰り返すには集中力も必要になります。

錦織選手は、細かいところまで直す基本的な練習を繰り返すことで、正確なショットを手に入れることができました。

「すごく細かいところまで直されます。直さなきゃいけないところがこんなにあるんだというショックもあったけど、いままでにない充実感を覚えたというか、感動しましたね」

と錦織選手も、チャンコーチの練習の効果を認めていました。

テニスに限らず、何か上達させるポイントの一つは、基本的な練習をいかに繰り返し、正確におこなうか、ということです。しかし、そのことを忘れて、闇雲に練習を続けてしまっているために、うまくいかないことがあります。

錦織選手は、基本的な練習を繰り返すことで飛躍することができました。

もしも、あなたが仕事の技術や趣味で上達できないことを悩んでいるとしたら、錦織選手のように基本の練習を取り入れることで、想像以上に上達できるかもしれません。

●上達することをあきらめない

「どうすれば、もっと上達できるのですか？」

経営しているテニススクールで、このような質問を、生徒さんから受けることが多くあります。

夢中になってがんばっていることがあれば、生徒さんのように少しでも上手になりたいと願う人が多いと思います。

しかし、その上達のコツを知っている人は、ほとんどいません。

そして、そのコツを知らないと、

「がんばって練習しても、なかなか上達できないから、もう嫌になってきた」

という気持ちになってしまうこともあります。

このような人が増えてしまったら、テニススクールの経営はできません。

そこで、16年前にテニススクールをオープンさせてから、どうすれば生徒さんを上達させてあげることができるのかを、ずっと研究しています。

心理カウンセラーの資格を取ったり、学習塾やフィットネスクラブなどの異業種からも学んで、上達のコツがどのようなものかはわかったのですが、そのことをうまく説明をすることができなくて悩んでいました。

それが、全米オープンの準優勝、世界ランキング4位というような錦織選手の大活躍を見て、具体的に説明をすることができるようになりました。

それまでも錦織選手は、必死の努力をしていましたが、結果をなかなか出すことができませんでした。

しかし、新しいコーチの就任をきっかけに、考え方や練習方法を変えて、大きく飛躍することができたのです。

上達には、コツがあります。そのコツを知って、正しい努力をすれば、誰でも上達をすることができます。

そして、何か一つ、どんなことでも、人よりも際立《きわだ》ったものを身につけることができれば、それは、あなたの人生を変える大きな力になります。

この本は、がんばって努力をしているのに、結果がなかなか出なくて上達をあきらめようとしている人のために、これまで私が研究したことをまとめて書きました。

もしも努力の結果が出なくて悩んでいるのなら、この本を読んでください。すぐにお役に立てるはずです。

目次

第2章 練習をする前に必要な準備

第3章 基本をとことん身につける

第4章 メンタルを強化する

第5章 伸び悩みの時期を乗り越える

おわりに

きっと上達できる。その自信が次のステージに上げる

上達のコツ

コツをつかめば、
誰でもレベルを上げられる

第1章

どうして、なかなか上達できないのか

正しい努力を続けていれば、必ず上達をすることができます。

思ったように上達できないとしたら、何か問題があるはずです。

そうして考えられるのが、無意識にある自分への思い込みです。

間違えた思い込みをしていると、当然ですが、望むような結果もついてきません。

この章では、上達の邪魔をしている「思い込み」について考えてみましょう。

もしも、あなたが、自分自身の中にある思い込みに気づくことができれば、それだけで、状況は大きく変わっていきます。

1 才能がないから上達できないと、あきらめてはいけない

「一生懸命に練習をしているんですけど、なかなかうまくならないです。自分の才能に限界を感じたので、あきらめます」

テニススクールに通うのをやめたいという生徒さんにその理由を聞くと、こんな答えが返ってきます。

私は内心、とてもがっかりしてしまいます。それは、せっかくここまでがんばってきた努力が、もう少しで報《むく》われて、大きな花が咲くのがわかっているからです。

「才能がないために上達できない」ということはありません。

テニスに限らず、どんなことでも正しい努力をすれば、トップ選手のレベルは無理でも、まわりから「あの人の〇〇は凄《すご》いよ」とか「ぜひ、私にレッスンしてください」と言われ

るレベルにはなれます。

「そんなことを言われても、私には得意なことは何もない。昔から何をやっても上達することができなかった」

と思った人がいたとしたら、小さかった頃を思い出してください。

じつは、自分には上達できることが何もないと思っている人ほど、幼い頃に、上達することに対して否定的なメッセージを受けとって、そんなふうに思い込んでしまう傾向があるからです。

たとえば、絵を描くのが大好きな小学生が、お父さんがほめてくれると思って描いた絵を見せたときに、

「こんな下手《へた》な絵を描いてばかりいないで、少しは勉強したらどうなんだ」

と怒鳴られたら、せっかく絵を描くことが才能だと思っていたのに、その子は絵を描く気力を失ってしまうかもしれません。

テストの結果がよくて、ほめてもらえると思って喜んでお母さんに見せたら、

「もう少しで100点だったのに。なんでこんな簡単なミスをしたの」

と言われて、がっかりしたことがある人もいると思います。

せっかく自分では「よくできた」と思ったのに、できていることではなくて、できていないことを指摘されれば、誰でも落ち込みます。

こんなことが続くと、できていないことを指摘される前に、自分自身でできていないことを認めたほうが自分を傷つけなくてすむ、と考えるようになっても無理はありません。

できていないことを指摘する人はたくさんいても、当たり前にできていることを評価してくれる人は、多くはいません。

でも、だからといって、あなたの才能がないわけではありません。

自分ができている部分に焦点《しょうてん》を当てて、考えてみましょう。

これまでにも、努力してできるようになったことは、たくさんあったはずです。そして、これからも、多くのことができるようになるはずです。

才能がないから、上達できないというのは間違いです。才能の芽《め》は、上手に育てることで大きく花開かせることができる、ということを覚えておきましょう。

2 難しいから上達できなくて当たり前と考えているうちは、上達しない

新しい趣味や勉強を始めても、すぐにあきらめて、やめてしまう人がいます。でも、それはとても残念なことです。

テニスでも、始めたばかりで、すぐにやめたくなってしまう方がいますが、その理由で多いのが、「思っていた以上にテニスは難しい」ということです。

たしかに、テニスは動いているボールを動きながら打つスポーツですので、初めてラケットを握った日から、ラリーを何回も続けることが、すぐにできるわけではありません。しかし、何回かレッスンを受けるだけで、簡単なゲームを楽しむことはできます。

そこで私のテニススクールでは、入会して間もない初心者の皆さんには、「最初は難しいかもしれませんが、少し慣れれば試合ができるようになりますので、がん

ばりましょう」

と伝えるようにしています。

コーチから、このような説明をしてもらうと、

「すぐにはうまくなれないけれども、まずは、試合ができるようがんばろう」

と思ってくれる方が多いからです。

なかには、

「もっと簡単にうまくなれる方法はないんですか？　うまく打てないとイライラするんです」

という初心者の方もいます。

残念ながら、このような方はやめてしまう可能性が高いです。「できない自分」を認めることができないので、テニスを上達させることを素直に楽しめないからです。

どんなことでも上達するには、ある程度の時間がかかるものですが、「簡単に上達できる」という思い込みが強い人は少なくありません。

そして、その思い込みが強いほど、「どうして、うまくならないんだ」という気持ちから

イライラしたり、落ち込んだりして、上達するどころか、続けるのも嫌になってしまうのです。

それは、テニスのように初めから、それをするのが難しいものだけではなく、たとえば、将棋のように、ルールを覚えさえすれば、とりあえずは始められるものでも同じです。

それどころか、最初に簡単に始められるものほど、

「こんなにすぐにできるようになるなんて、俺は天才かもしれない」

「私には、この才能があるんだ」

と思って、舞い上がってしまうことがあります。

ところが、そう甘くはありません。あるレベルに達してしまうと、それ以上には上達できない壁にぶちあたってしまいます。

「覚えたての頃は、どんどんうまくなって勝てたのに……。最近はまったく勝てない。このままだといつになったら上級者になれるかわからないから、もういいや」

となってしまうのです。

新しいことを始めるときに大切なのは、簡単に上達できるという思い込みを持ちすぎな

いことです。

どんなことでも、自分が思っているほど、簡単に上達することはできません。

「簡単にできる」という思い込みを持ってしまうと、「難しい」と感じた途端に、嫌になってしまいがちです。そして、「こんなに難しいことはできなくて当たり前だ」と思ってやめてしまいます。それは本当に、もったいないことです。

3 時間をかけなくても、少しずつ上達することはできる

「うまくなりたいことはあるんだけれども、仕事が忙しくてやることができない」

「いまは子育てが忙しくて、自分の趣味を上達させる余裕がない」

と考えてしまっている人もいると思います。

もちろん、生活をしなければいけないので、仕事を犠牲《ぎせい》にすることはできません。また、子どもを犠牲にするわけにもいきません。

しかし何かの上達を目指すことは、仕事や子育てに悪い影響を与えることばかりではありません。

仕事や子育てにがんばっている人ほど、忙しいこともわかりますが、何とか時間のやりくりをして、上達するための時間をつくることで、自分にも、自分のまわりの人たちにも

プラスの影響を与えてあげることができます。

たとえば、毎朝、何とか30分だけ早く起きて、あなたが上達したいと思うことに、その時間を使ってみたらどうでしょうか？

30分が無理なら10分でもいいと思います。1日10分ぐらいやったところで、大きな上達はしないと思ってしまうかもしれませんが、それは違います。毎日の練習を継続することで、大きな効果があります。

たとえば、同じ英文を1日10分間、聞き続けることを想像してみてください。1か月後にはほとんど、その英文を覚えてしまっているでしょう。

もしも、通勤する方法を工夫するなどして、毎日30分間のランニングをすることができたら、かなりの体力がつくはずです。

マラソンの世界選手権の日本代表に選ばれた川内優輝選手は、埼玉県庁の公務員です。実業団の選手と違って十分な練習時間が取れないのですが、集中力を高めることで、少ない練習時間を有効に活《い》かして、実績を上げています。

川内選手のような実績を上げることは、普通の人には難しいかもしれませんが、毎日30分間、上達のために時間を使うようにすることで、数年後には自分のレベルが確実に上がっているはずです。

1日、わずか30分の練習時間でも、積み重なれば1か月では約15時間、1年間で約180時間、5年間では900時間にもなります。これだけの時間を費やせるとしたら、できることも広がっていくのでないでしょうか。

そこから人脈が広がって、仕事のヒントや子育てのアドバイスをもらったり、行き詰まった状況から抜け出すための気分転換になることもあると思います。

漫画『釣りバカ日誌』の主人公の浜ちゃんは、仕事よりも釣りが大好きなサラリーマンですが、しばしば、釣りの人脈が仕事の成功につながっています。現実でも、このようなケースは充分に考えられます。

また、子育て中のお母さんやお父さんは、何かを上達させようとがんばっている姿を子どもに見せることで、子どもに目標を持つことの大切さを伝えることもできます。

仕事や子育てに集中しなければいけない時期はあると思います。

しかし、いつまでもそこに囚《とら》われて、何かを上達させることをあきらめてしまったら、定年で仕事から解放されたときには、何が残っているのでしょうか？

子どもが成長して子育てから解放されたときに、何をすればいいのでしょうか？

そのときのために、忙しいときから、何かを少しずつ上達させるために使う時間を確保することです。それは、それほど多くの時間を必要とするものではありません。

上達のためにいまの生活が犠牲になってしまうと考えるのではなく、上達することでいまの生活がもっとよくなると考えてみましょう。

4 この年齢からでは遅すぎる、と決めつけない

「この年齢で始めても、テニスがうまくなれるのでしょうか？」

と質問をされることがありますが、そのような方には、

「大丈夫です。運動神経や体力は若い人には勝てないと思いますが、これまでの経験がそれをカバーしてくれますから、すぐに上達できます」

と答えるようにしています。

誰でも、歳をとれば、体力は若い頃よりも衰《おとろ》えてきますし、柔軟性もなくなってきますので、新しい体の使い方を覚えることも難しいです。

しかし、これまでの人生でいろいろなことを学んできた知識や、行動をしてきた経験が、そのことをカバーしてくれます。

たとえば、テニスの場合には、若い人ほど体力に自信があるので、できるだけたくさんのボールを打つことでうまくなろうとしますが、年配の方で、すぐにうまくなるような方は、そのような無茶はしません。

自分の体力が経験からわかっていますので、数多くのボールを打つのではなく、一球一球を丁寧に返球して、上達を目指します。

さらに、年配の方はコミュニケーション能力が若い人よりも優《すぐ》れている人が多いので、コーチに適切な質問をして、自分が効率よく上達するために必要な答えを聞き出すこともできます。

たとえば、コーチに自分が打っている姿を見せながら、

「どうして、アウトが多いのですか？」

と質問をして、

「それはボールが当たるときに、ラケットの面が上を向いてしまっているからですよ」

という答えをもらえれば、若い人は、そのまますぐに納得をする人が多いのですが、年配の方の場合には、そうはいきません。

「面が上を向いてしまっているのはわかるのですが、どうしても、上を向いてしまいます。どうすれば、そのようにならないですむのでしょうか？」

とさらに突っ込んだ質問をされることが多いです。

そのことによって、コーチから、

「そうですね、ラケットを引くときに、面を少し地面と平行にしてみてください」

というような、具体的なアドバイスを引き出すことができるので上達が早くなります。

私の知り合いに、40歳でテニスを始めて、全日本のチャンピオンになろうとしていた人がいました。

「いくら何でも、いまからじゃ無理だよ」

「ケガをするからやめておいたほうがいいよ」

とまわりの人からは、冷やかされることも多かったそうですが、彼はあきらめませんでした。地道に練習の努力を続けて、そのための試合にも挑戦を続けました。

それから35年後、彼は75歳のときに、年齢別の全日本選手権に出場することができました。

そして、かつて夢をみていた元全日本のチャンピオンに勝つことができました。

「自分の夢を35年かけて実現した」

と勝利を手にして、楽しそうに話していました。

自分の年齢を言い訳にしてしまって、上達することあきらめたらもったいないです。

どんなに歳をとっても、それが上達を妨げる原因になることはありません。

5

あれもこれも中途半端に終わってしまう人

錦織選手のおかげで、テニスをやりたいという人が増えていますが、じつはこのような状況のときのほうがテニススクールの経営は難しいのです。

それは、「テニスが流行《はや》っているからやってみよう」というブームだけを追いかけるような皆さんが多く入会をしてくるからです。

もちろん、入会の理由がブームであっても、その後もテニスを長く続けてくれる生徒さんも多いのですが、テニスのブームが下火《したび》になって、次のブームが始まると、すぐにテニスへの興味がなくなってしまう生徒さんも少なくありません。

「石川遼選手が話題になっていたときはゴルフにはまっていたんですが、錦織選手の試合に感動して、テニスをやりたいと思いました。がんばります」

と熱心に話されるような方ほど、やめてしまう可能性が高くなります。

そんなことを言われても、ブームになっていることをがんばって上達させたほうが楽しいし、やりがいもあるという人もいると思います。

たしかに、ブームになっていることに、次々と挑戦することで、流行の最先端のことに挑戦しているという自己満足を得ることはできると思います。新しい世界を見ることができるので、知らない言葉や知識に触れることによる刺激も大きいです。

さらには、自分のまわりの人たちにも、

「いま、流行っている○○を始めたんだけど……」

と話すことができるので、関心を引くこともできます。

しかし、大きな刺激を得ることができるのは始めたばかりの頃だけです。次第に刺激には慣れていってしまいます。

まわりの人たちも、じつは冷静に、

「あの人は、流行に敏感だけど、何をやっても長続きしないね」

と話しているかもしれません。

そして、本当にもったいないことなのですが、**ブームに踊《おど》らされてしまう人は、上達の喜びを得る前に、自分とは合っていなかったと思い込んで、次のブームに興味が移ってしまうことが多いのです。**

たとえば、テニスの次にサーフィンがブームになれば、

「テニスが流行っていたからやってみたけど、コートのような限られた場所で、ボールを追いかけるのは私の性《しょう》には合わない。やっぱり広い海でサーフィンでしょう」

というように、上達させることの対象を変えてしまいます。

これを繰り返していては、上達できないのは当たり前です。

このような人は、その趣味や競技の持っている深い部分にも触れることができないので、それらが持っている本当に楽しい部分にも出会うことができません。

いろいろなことに次々と挑戦することで、刺激を得ることはできますが、上達することによる本当の満足を得ることもできないのです。

6 がんばることより、考えることが上達の第一歩

「上達をするためには、何も考えずにがんばればいい」と思い込んで努力を続けている人がいますが、その思い込みは注意が必要です。

どんなことでも、必死にがんばっている人は素晴らしいと思います。

そのような人に対しては、多くのことを言う必要はないかもしれません。その努力を続けていれば、必ず成果はあるはずです。

しかし、スポーツの世界では、その努力が間違っていたために取り返しのつかない事態を招《まね》いてしまう場合もあります。

その事態を防ぐために、上達することよりも優先しなければいけないことが、スポーツの世界ではあります。それは、どんなことでしょうか？

上達することに対して、前向きな人ほど、答えがわからなかったと思いますが、それは**ケガや故障をしないように気をつけることです。**

最近は、科学的なトレーニング方法が普及《ふきゅう》してきましたので、少し前までの部活動のように、水を飲んではいけないとか、うさぎ跳びを過剰にやるというようなことはなくなってきましたが、残念なことに、練習のやりすぎや、その方法が間違っていたために、才能のある選手が将来を棒に振ってしまうケースがあります。

特に試合が近づいているようなときには、熱心な選手ほど、練習中に肩の違和感や膝の痛みを多少感じていても、練習を休まずに続けてしまいます。

さらに、試合になれば、もっと無理をしてしまうので、肩や膝などの痛みに耐えられなくなって、プレーができなくなってから病院に行くことになりがちです。

そうして、

「このまま競技を続けることは無理です。日常生活に支障が出ないうちに、手術をしてリハビリをすることをお勧めします」

と言われるような事態になってしまいます。

メジャーリーグで活躍しているイチロー選手は、シーズン歴代最多安打記録の257安打や、史上初の記録となる10年連続の200安打を達成しています。

イチロー選手がこれらの記録を達成できた要因の一つは、ケガによる欠場が少ないことです。

イチロー選手は、他のメジャー選手に比べると体格的には劣《おと》っているのですが、それなのに、ケガや故障が少ないのは、どうしてでしょうか？

彼は、他の選手が感心をするほど、普段からケガに対しての細心の注意を払っているそうです。

たとえば、試合前には球場に早めに来て、念入りなストレッチや準備運動を欠かしません。さらには、シーズンオフの過ごし方にも注意を怠《おこた》りません。

シーズンオフを日本で過ごすことになったときには、メーカーに特注したストレッチマシーンをわざわざ日本のホテルに用意してもらって、筋肉をバランスよくストレッチできるようにしているそうです。

上達したいために何も考えずに熱心に練習をした結果、上達できるどころか反対にすべてをダメにしてしまうことは、スポーツに限ったことではありません。

資格を取りたくて、勉強をやりすぎてしまった結果、病気になってしまったり、歌がうまくなりたくて、歌いすぎたために喉を痛めたりすることもあると思います。

何も考えずに熱心に努力を続けている人の中には、ケガや病気になるほど酷《ひど》い状態にはならなくても、疲れが残ってしまうために、本当はもっと上達できるのに、努力に見合っていない効率の悪い練習を続けている人もいます。

上達をするためには、熱心な努力が必要ですが、それだけでは、なかなかうまくなれません。努力が報われる上達の方法を身につけていきましょう。

第2章

練習をする前に必要な準備

上達のための練習を始める前に、必要なことがあります。

登山をしようと思ったときには、地図や装備を整えたり、どのように登るかという計画を立てます。山が高いほど、この準備が大切になりますが、どんなことも、これと同じです。

上達のための練習をする前に、必要な準備を整えましょう。

7 上達のために使う時間をスケジュールに落とし込む

確実に上達するために、初めにやらなければいけないことがあります。

それは何でしょうか？

それは、上達のために使う時間を、スケジュールに入れる作業をおこなうことです。

上達しようと思っているのだから、そのための時間をとるのは当たり前だと思ったかもしれませんが、継続的に上達するためには、始めるときから、上達に使う時間を定期的に確保して、スケジュールに落とし込む習慣をつくることが重要になります。

わざわざスケジュールに落とし込まなくても、空いた時間を上達させたいことに使えばいいという考えもあります。しかし、あらかじめスケジュールに入れておかないと、初めのうちの熱意があるときにはいいのですが、しばらくして、熱意が冷めたときに、友人の誘いや仕事の残業など、他の用事を断ることができません。その結果、上達の時間を確保するのが難しくなります。

たとえば、英語の能力を高めたくて、フリーレッスンの英会話教室を申し込んで、毎週3回、仕事が終わったらレッスンに通おうと決心したとします。

しかし、その曜日や時間をあらかじめ決めて、スケジュールに入れておかないと他の用事に、その時間を奪われることになってしまいます。

会社の同僚から、

「明日の夜、飲み会があるんだけれども、来られない？」

と誘われたときに、スケジュールに予定が入っていなければ、

「今週は、もう1日、夜が空いている日があるから、英会話は別の日に行けばいいや」

と思ってしまいます。しかし、別の日にも上司に残業を頼まれて行けなくなることもあるはずです。

もしも、この人がしっかりと英会話に行く日時をスケジュールに落とし込んであれば、状況は違ってきます。友人に誘われても、

「残念だけど、その日は英会話があるから参加できない」

と断ることができます。

何かを上達させることは、どうしてもやらなければいけない緊急な用事とは違って、先延ばしをすることが可能なので、必ずスケジュールに落とし込んでおかないと後まわしになってしまいます。

特に上達のための本を読む時間や、スポーツを上達させるために体を鍛える時間のように、いつでもできそうな活動ほど、スケジュールに落とし込んでおかないと、後からでもできると考えてしまって、実行できないで終わってしまいます。

上達の時間を奪うのは、友達から誘いや上司からの残業のお願いだけではありません。しっかりとスケジュールに落とし込んでおかないと、テレビやインターネット、ゲームなどの誘惑にも負けてしまって、上達のための時間がどんどんと奪われてしまいます。

私も誘惑には弱いです。人の頼みも断るのが苦手なので、毎週月曜日の早朝に、その週の予定をスケジュールに書き込むことにしています。

必ず上達したいことのための時間をスケジュール帳に書き込むことで、その週の上達のための時間を確保できています。

このようにしておけば、急な仕事や友人からの誘いがあったときにも、

「申し訳ないけれども、先約がありますので、できません」

と答えることができるからです。

上達のための時間をスケジュールに入れるというのは、自分との約束を結ぶことです。他人との約束を破ると信用を失うのと同じように、自分との約束を破ってばかりいると、上達できないだけでなく、自分自身に対する自信や自己重要感も失います。

上達させるために必要な時間を定期的にスケジュールに落とし込むようにしましょう。

8 上達したいことの情報をできるだけ集める

練習の前に、上達をさせたいことの情報をできるだけ集めると、上達の速度を早めるだけでなく、間違った方向に努力することを防ぐのにも役立ちます。

たとえば、テニスを上達させたいと思ったら、**まずは、本の購入をお勧めします。**

できれば、インターネットで買うのではなく、書店で内容を比較しながら、自分に合っているものを買うようにしましょう。書店に並んでいる本のほうが、最新の理論を取り入れて説明してくれている本が数多くあります。

テニスの本に限らず、上達のための書籍は初心者から上級者まで、いろいろなレベルの人に向けて書かれています。

ある程度経験がある人なら、タイトルを見れば、どれが自分のレベルにあっているかがわかると思いますが、初心者の場合は迷ってしまうこともあると思います。

その場合は、できるだけ基本的なことがらが、写真や絵を使って解説してあるような本を選んでください。テニスのことなら、テニスのルールやラケットの握り方から丁寧に説明してくれているような本になります。

テニススクールでも本を発売しているのですが、初心者で本を買われる方は意外と少ないです。本を読んだだけで、テニスが上達することはありません。初心者の方の中には、少しうまくなってから本を読まないと、専門用語が難しくて、何のことを言っているのかわからないという人もいると思います。

しかし、**本などで一度、少しでも情報に触れている人とそうでない人では、実際の練習の場面での上達が違ってきます。**本当は経験が少なくて、技術が未熟だからこそ、本を読んだ知識でカバーをする必要があるのです。

たとえば、テニスのサービスを打つ動作に、利き腕と反対の手で、ボールを上にあげる「トスアップ」の動作があります。

テニススクールで、初心者の生徒さんに、トスアップの動作を説明して、やってもらうと、日常生活では、ほとんどおこなうことのない動作なので、感覚がわからなくて戸惑《とまど》う方が多くいます。

コーチは、なんとか感覚を理解してもらいたくて、その動作を説明しますが、生徒さんの中にはどうしても理解ができない人もいます。

しかし、テニスの本で、このことについて一度でも解説を読んだことがある人には、コーチが言っていることが伝わりやすいです。

コーチの説明した「手首をできるだけ使わない様にボールを上げてください」という言葉と、本に書いてあった「水の入ったコップを上に持ち上げるようにあげてください」ということがつながって、理解できるのです。

また、あらかじめ本に書いてある基本的なことを知っていれば、コーチに何を質問したらいいのかがわかります。その場でわからないことをコーチに質問できれば、すぐに上達につながります。

テニスに限らず、技術的なことはコーチや先生によって説明の仕方が違う場合があります。その分野の本を何冊か読んで、いろいろな説明の仕方を知っておくことで、理解が深まります。

また、最近はインターネットでも、いろいろな上達に関する情報を集められます。動画などを利用して解説をしているサイトもあるので、参考にできると思います。

しかし、ネットの場合は、物販などの宣伝のために極端な理論を解説している場合もありますので、初心者の方は、信頼できる人に確認してから取り入れたほうがいいでしょう。

どんな分野の上達にも、いろいろな理論があります。

その分野の本を読んだり、インターネットで情報を集めることで、上達の大きな助けになります。

9 練習に集中できるように環境を整えておく

早く上達できるかどうかは、練習する環境に大きく左右されます。

そこで、練習に入る前に、集中できるように練習の環境を整える必要があります。

わが家の子どもたちに実践させた勉強法で、そのことを実感しました。

10年以上前のことで、本の題名も忘れてしまいましたが、ある本に、

「勉強ができる子どもに育てるには、自分の部屋で勉強をさせるよりも、ダイニングのテーブルで勉強をさせたほうが効果がある」

というようなことが書かれていました。

そこで、わが家では、できるだけ子どもたちには、自分の部屋ではなくダイニングで勉強をしてもらうようにしました。

最初は、ダイニングは騒がしい上に、母親や兄弟がいることもあるので、静かな自分の部屋のほうが集中して、勉強ができるのではないかと思っていましたが、しばらく子どもたちの様子を見ているうちに、その考えは間違いだとわかりました。

子どもが自分の部屋に行って、一人で勉強していると思って覗《のぞ》いてみると、漫画の本を読んでいたり、眠ってしまっていることも多くありました。

反対にダイニングでは、漫画のように勉強の誘惑になるものがなく、母親の目もあるので、勉強に集中しています。

そして、わからないことがあれば、すぐに近くにいる人に聞くことができるので、悩んでいる時間が少なくて能率が上がっているようでした。

さらに、教科書で興味を持ったことを親に自慢げに説明することもありました。

「パパ、日本で一番高い山は富士山だけど、2番目の山は知ってる？　僕は知っているんだな」

と、話しかけてきました。

子どもの勉強と同じように上達したいことがあれば、できるだけ、その助けになる環境を自分のまわりに整えておく必要があります。

テニスの上達なら、本当は、毎日テニスコートで練習ができる環境が最高なのですが、趣味のテニスを上達させようという人は、プロのようにそこまではできません。

そこで、自分にできる範囲で最高の環境を用意するようにしてみましょう。

まず、いくつかのテニススクールを体験して、自分に合ったコーチがいるテニススクールを見つけて、毎週1回は必ず通うように予約を入れます。

そして、自宅には、玄関などの目につく場所にテニスラケットを置くようにして、少しでも時間があったら、すぐに素振りができるようにしておきます。

さらに、リビングのテーブルには、テニスの本やDVDを置いて、すぐに見られるように準備しておきます。

すこし大げさに感じた人もいるかもしれませんが、ここまでやっておけば、少なくともテニスの上達のことを忘れる日はありません。

テニスの上達のための環境ができあがった、ということになります。

そして、上達のための環境を整えるためには、まわりの人たちに協力をお願いすることも忘れてはいけません。その練習を家族に理解してもらったり、友人に応援してもらうことも大切になります。

せっかく上達するという決心をしても、環境が悪いと続けることが難しくなります。練習の前に、集中できるように、環境を整えることが大切なポイントになります。

10 使う道具にはこだわるようにする

上達するためには、どのような道具を使うかが、とても重要になります。

テニスならラケットやシューズ。将棋なら盤《ばん》や駒《こま》ということになると思います。

テニススクールに入会していただいた生徒さんの中には、ときどきコーチも驚くような酷《ひど》いラケットを使っている人がいます。

どこで購入したのかを聞いてみると、テニスの専門店ではなく、ディスカウントのお店を探して、できるだけ安いラケットを買ったということなのですが、ラケットの素材が悪く、ボールを飛ばすためのガットは、間違った張り方がされていました。

このようなラケットを使いつづけていたら、どんなに練習しても上達できないだけでなく、腕を痛めてしまうことにもなりかねません。

どのような道具を使うかは思っている以上に重要です。テニスラケットなら、信頼できるテニスの専門店で、体格や手の大きさに合わせて購入しましょう。できれば、握力なども測ってもらって、本当に自分に合っている道具を選ぶことが大切です。

カリフォルニア大学、UCLAで、バスケットボールチームを10回の全米大学チャンピオンに導いたジョン・ウドゥンも、選手たちが使うシューズにこだわりました。

彼は入部してくるすべての選手の足の大きさを正確に測定して、本当に足にフィットしているのかを調べて、少しでもサイズが合っていない選手には、シューズを替えるように指導しました。

そこまでシューズにこだわる理由を、彼は、

「本当に足にフィットしているシューズと、わずかでも足がシューズの中で滑《すべ》るものでは、選手のフットワークがわずかに違うのです。このわずかな違いが勝敗をわける大きな違いになるのです」

と説明しています。

新しいことを始めるときに、最初から高い道具を買って続かなかったら、もったいないと考えてしまう人もいるかもしれません。

しかし、本当は、この気持ちを逆手にとったほうが上達に役立ちます。

初めから、できるだけ高い道具を揃《そろ》えてしまうのです。そうすることで、せっかくお金をかけて良い道具を揃えたのだから、もっとがんばろうという気持ちになります。

さらに、安いものを購入するよりも、使っている道具を大切に扱うようにもなります。そして、道具を大切に扱うことは、上達の大きなポイントの一つです。

イチロー選手がジュニアの野球教室に招かれたときの様子を、テレビで放送していましたが、小学生の男の子に「どうすれば野球がうまくなりますか？」と質問されて、次のように答えていました。

「道具を大切にしてください。グローブやバットを丁寧に、大事に扱う。そうすれば、必ず、うまくなる」

どのような道具を揃えるかは、上達に大きく影響します。妥協《だきょう》しないで、自分にしっかりと合ったものを揃えて、大切に扱うようにしましょう。

第3章

基本をとことん身につける

い

よいよ、この章からは、具体的な上達方法について説明していきます。

どのようなことに気をつけて、どんな練習をすれば効率よく上達することができるでしょうか？

どんなことでも、練習すれば、確実にうまくなります。

しかし、長い時間、練習さえすればいいと考えるのはよくありません。

どんなに練習しても、そのやり方が悪ければ成果は上がりません。かえってケガをしたり、からだに故障をおこす危険性もあります。

この章では、努力が成果につながるように、効果的な練習方法について考えてみましょう。

11 初歩的な基本技術を大切にする

テニススクールでの話ですが、初級クラスの熱心な男性が早く上達しようと思って、毎週末、オートテニスに通っていました。

彼は、機械の設定をフォアとバックの交互に速いボールが出るようにして、打ち返す練習をしていたのですが、果たして、この練習で上達することができたでしょうか？

残念ながら、時間をかけたほどには、彼がうまくなることはできませんでした。

なぜかといえば、彼の練習方法は、初級者がおこなう練習としては大きな問題があるからです。

もしも、彼が中級者ならば大きな効果があったかもしれません。

初級者の場合は、覚えたばかりのフォームを安定させるために、ゆっくりとしたボールを丁寧に打つ練習を繰り返す必要があります。

ところが彼は、オートテニスで、速いボールを焦《あせ》って返球する動作を繰り返しているうちに、せっかく固まってきたフォームを大きく崩してしまいました。

もちろん、この生徒さんのおこなった練習は、まったくの無駄というわけではありません。

ラケットでボールを繰り返し打つ練習をすれば、腕の筋力は鍛えられますし、脚力も向上したはずです。そして、筋力や体力がついたことで、打つボールも速くなり、体の動きもよくなるので、練習の効果を感じられている部分も少なくありません。

しかし、ここに大きな落とし穴があります。

初級者のときに、間違ったフォームでの練習を熱心に繰り返してしまえば、その悪い形が身についてしまって、後から上達の大きな障害になります。

初級者のときにもっとも重要な練習は、テニスのスイングのフォームのように、そのスポーツの核になる基本技術を、正確に繰り返しできるようにすることです。

剣道や柔道などの武道では、まずは、その基本となる型の練習を徹底的におこなっていますが、このことは、スポーツだけではなく、歌や英語、将棋などでも同じです。

そして、基本技術の練習は、上級者を目指している中級者にとっても重要です。少し慣れてきた中級者ほど、初級者の頃に覚えた大切な基本技術が不正確なものになってしまっている場合があるからです。

そこで、普段の練習のメニューの中には、必ず基本技術を忘れないための練習を入れておく必要があります。そして、このことは上級者となった後でも同じことです。

プロ野球の選手はバッティングマシーンの150キロのボールを打つ練習もしますが、手で投げてもらったボールを打つトスバッティングの練習を欠かしません。

また、歌手やアナウンサーのように、声を仕事で使っている人は、発声練習を必ずおこなっています。

基本技術の練習は、テニスやゴルフの素振りのように、一人でおこなうこともできますが、その場合には、できるだけ正確に、それをする必要があります。

いい加減な素振りを繰り返すのは、間違った基本フォームを定着させる練習を繰り返しているのと同じです。

いまは、自分の姿を動画に撮って正しいフォームと比べることが、スマートフォンやそのアプリを使って簡単にできますので、それを活用するのもいいでしょう。

正しい素振りでないと、せっかくの努力が無駄なものになってしまいます。

どんなことも、基本を忘れて上達をすることはできません。基本技術を確認しながら練習をすることが大切です。

12 繰り返しの反復練習を正確に、しっかりとおこなう

基本技術の習得にも必要なのですが、確実に上達するためには、繰り返し同じ練習を続ける反復練習が必要になります。反復練習をすることによって、考える前に行動することができるようになるからです。

特に、スポーツの場合には、体を動かすことを考えてから行動するのでは、試合のときに役に立たないことが多くあります。

たとえば、サッカーの試合でシュートを打たなくてはいけない場面です。パスをもらった選手が、どこにシュートをするのかを考えていたら、相手に体制を立て直されてしまって、ゴールが決まる確率が低くなってしまいます。

試合後のヒーローインタビューで、勝ち越しゴールを決めた選手が、

「あのシュートは何を考えて打ったのですか？」

と質問されて、

「何も考えていませんでした。体が勝手に反応しました」

と答えていましたが、もしも、この選手がどこにシュートしようかと考えてしまったら、ゴールを決めることはできなかったと思います。

テニスの錦織選手も追い込まれたボールを返すときに、天才的な動きを見せてくれますが、トップ選手ほど、考える前に体が動くようになります。

このような説明をすると、考える前に体を動かすなんて、才能のある人にしかできない、どんなに練習をしても、私には無理だ、と思ってしまうかもしれませんが、それは違います。

誰でも反復練習を繰り返せば、考えなくても体が勝手に動いて、自分が持っている力を発揮できるようになります。

その理由は、毎日の生活を考えてみれば、すぐにわかると思います。

どんな人でも、すべての動作を考えながらしているわけではないからです。それどころか、日常生活の多くは考える前に行動をしています。

たとえば、知っている人に挨拶されたらどうでしょうか?

挨拶をしようかどうか考える前に、自然と挨拶を返している人が多いと思います。

棚の上の本を取るときに、まず右足から棚に近づいて、次に右腕を上に伸ばして、手を広げて、しっかりと本をつかもう、と考えてから行動する人はいません。

「棚の上の本を取ってくれる?」と頼まれた瞬間に、体が勝手に動くと思います。

人間は、いつもしている行動は、考えないでもできるようになる能力を誰でも持っています。すべてのことを考えてから行動していたのでは、生きていくのが大変だからです。

そこで、上達させたい技術を日常生活で無意識にできているレベルまで、反復練習をして鍛《きた》えることで、考える前に体が動くようになります。

テニスやゴルフを上達させたいのであれば、箸《はし》を持つのと同じように、毎日、素振りの練習をすることです。そうすることで、少なくとも握り方などを考えずに、正しい方法でラケットやクラブを握れるようになるはずです。

反復練習は単純な練習なので、続けるのは思っている以上に大変ですが、その効果は考えている以上に大きなものになります。

13 時間を有効に使う。毎日10分間、一つの技術の練習をする

上達には反復練習が必要なのですが、反復練習をするときには、集中をして練習をすることが大切になります。

もしも気が散ってしまって、反復練習に身が入らないのなら、すぐに練習の内容を変えるか、場合によってはやめることも考えなければいけません。

集中しないで反復練習を繰り返してしまえば、悪い動きを覚えてしまうことになるので、そのような練習を避ける必要があるからです。

しかし、集中したくても、同じことを繰り返していれば、飽きてくることもあります。誰でも長い時間集中して同じ練習を繰り返すのは、簡単ではありません。

そこで、短い時間に集中しておこなう練習を毎日することが、上達の大きなポイントに

なります。

たとえば、テニスのサービスを上達させようと思ったら、週末にコートで1時間のサービスの練習をするよりも、毎日10分間、サービスの練習をするほうが、効果が大きくなります。毎日10分間の練習をコートでできるような恵まれた環境はないかもしれませんが、サービスのトスを上げる練習なら、自宅でもできると思います。

実際に、トスがうまく上げられないことが原因で、サービスが安定しなくて悩んでいた生徒さんに、10分間の練習を1週間、おこなってもらったことがありました。

その結果、トスがバラバラだったのが嘘のように、まっすぐに上げられるようになって、サービスが見違えるように安定しました。

同じようにゴルフでパターがうまくなりたいのであれば、毎日10分間だけ、自宅で集中して練習をする。勉強ができるようになりたいのならば、参考書を毎日1ページだけ読む。英語の能力を高めたければ、毎日10分間だけ、ラジオかテレビで英会話を集中して聞きつづけることが上達のポイントになります。

そして、毎日確実に10分間の練習をおこなうことができれば、それが習慣になります。

最初の頃は、忙しい人ほど練習の時間をつくるのが大変かもしれませんが、習慣化してしまえば、寝る前に歯を磨くのと同じように、毎日当たり前におこなうことができます。

そこで、練習を習慣化するために、1日のスケジュールの中に、練習をするタイミングを毎日組み入れてしまいましょう。

たとえば、毎朝起きて朝刊を取りに行くときには、必ず10分間素振りの練習をするとか、ベッドの横に本を置いて、寝る前の10分間、必ず取りたい資格の本を読む。というように、1日のスケジュールに練習のタイミングを入れ込んでしまえば、いつの間にか習慣にすることができます。

どんなに忙しい人でも、1日10分の時間をつくり出すことはなんとかできると思います。どうしても、それが難しければ、1日5分でも大丈夫です。

練習のための時間をつくって、集中して同じ練習を繰り返してみてください。

その練習が習慣になったとき、考えていた以上の効果に驚くと思います。

14 自分の理想を手に入れて、その通りになれるように練習を繰り返す

練習は、量よりも質が大切になりますが、質を高める練習をするのに、自分が目標としている姿を明確に描いて、それに向かって練習をすることが役立ちます。

理想の姿を明確に想像することができなければ、実現をすることもできません。ここで、慎重に考えなければいけないのは、自分の理想としている姿をどのような姿にするのかということです。

もしも、間違った姿を自分の理想としてしまうと、その設計図に沿《そ》って家をつくるようなことになってしまうので、途中でうまくいかなくなります。

たとえば、憧れの選手を自分の理想の姿として、目標にしたいと考える人がいると思いますが、その選手に憧れているというだけで、自分が目指す理想の姿にするには、少し問

題があります。

その理由は、人には体格や性格など、それぞれに違いがあるからです。身長の高い選手のプレーを、低い人が理想としてしまったら、上達をするのは難しくなります。

テニスの場合で考えてみると、身長が高いプレイヤーがその角度を活かして、サービスエースを連発するのを見て、自分もあのようなサービスを打てるようになりたいと思う気持ちはわかりますが、ネットの高さは選手に合わせて変わってくれません。

自分と同じような身長のプレイヤーを理想としたほうが上達に役立ちます。

自分と同じぐらいの身長のプレイヤーが、どのような打ち方で、どんな種類のボールをどのコースに打っているのかを繰り返し見て、その真似をする練習をするべきです。

このことは、**体格だけではなく、性格のタイプでも考える必要もあります。**

自分が、どちらかというとすぐに熱くなるタイプなのに、冷静で機械のようなプレーをする選手を理想としても、上達に役立てるのは難しいです。それよりも、自分の性格に似ている、感情を表に出して、それをエネルギーに変えてプレーをするような選手を理想にするほうがいいのです。

そして、自分の体格や性格を考えて、理想とする姿が決まったら、繰り返し、その姿を見て、心に強く残すようにしましょう。

ただし、このときに、上達させたいことのすべてに対して、同じ人を理想の姿にする必要はありません。テニスで言えば、「サービスはあの選手を理想にしよう」「フォアハンドは、あの選手だな」「試合のパターンはあの選手にしよう」と考えればいいのです。

このようにすることで、それぞれの技術に対して、脳に行動の設計図をつくることができます。明確な設計図を手に入れることができれば、あとはその実現に向けて、練習を繰り返していけばいいことになります。

スポーツの練習ならば、理想としている選手が、どのように体を向けて構えているのか、腕の上げ方はどうなのか、ということをイメージしながら、練習を繰り返すようにします。

将棋ならば、理想としている人がおこなった将棋を自分でも並べてみる。絵ならば、できるだけ、その人のタッチを真似て描いてみるというような練習ができます。

人間には、もともと、人の真似をする能力が備《そな》わっています。明確な理想を手に入れて、その真似をする練習を繰り返してみることで、レベルは上がっていくはずです。

15 すぐにはわからない重要なポイントをつかんで再現する

自分では、理想の姿の真似をしているつもりなのに、思ったようにうまくできなくて悩んでしまうことがあると思います。

理想の姿を自分のものにするのは案外むずかしいので、悩むのも当然です。

特に、自分では真似をしているつもりでも、その技術の成功のカギを握っている重要なポイントを間違えていると、それが悩みの原因になってしまいます。

上達するためには、そのカギを握る重要なポイントが何かを知る必要があります。

たとえばテニスでいえば、理想のフォアハンドストロークのフォームを真似しているつもりでも、体のどこの筋肉に力が入っているかということは、見ただけでは、簡単にわかりません。それどころか、そばに教えてくれるコーチがいて、説明をしてくれるような状況でも、力の入れ方を理解して、すぐに真似をするのは至難の業《わざ》です。

たとえば、テニススクールの初級クラスでは、フォアハンドストロークを教える場合に、まずコーチが見本を見せてから、説明を加えます。

「体の軸を意識して、腰にタメをつくることがポイントになります。そのことに気をつけてボールを返してください」

その後、生徒さんたちがそれを参考にしながらボールを打つのですが、どうしてもラケットにボールを当てることを意識してしまうので、コーチと同じように腰にタメをつくって打つことができる人はほとんどいません。

こう言うと、「やっぱり、普通の人には、簡単には真似をすることはできないんだ」と思って、真似をする練習をあきらめたくなるかもしれませんが、それは違います。

できなくても、どこが違うのかを考えながら体の使い方を変えて、あきらめずに練習を続けていると、偶然なのですが説明された通りに素晴らしいショットを打つことができる瞬間があります。

それは、10回に1回、場合によっては、50回に1回の偶然かもしれませんが、その成功した経験を大切にして、練習を続けることが上達のポイントになります。

まずは、**成功したときの感動を心に強く残すことが大切なので、成功を体で味わうようにしましょう。**そして、そのときの動きを思い出して、再現する努力をすることです。

「あれはまぐれだから、2度とできないよ」

という人がいますが、一度できたことなら、絶対に再現が可能です。

せっかくのチャンスを活かすためには、まぐれだとは思わないで、

「一度できたのだから、必ず毎回できるようになれる」

と前向きに考えて、自信を持って練習をすることが重要です。

一度体が経験したことなので、初めてそのことができるまでにかかった時間よりは短くてすむことがほとんどです。

すぐに真似のできない重要なポイントをつかむのは簡単ではありません。

しかし、あきらめないでその努力を続けていれば、必ず自分のものにできます。

16 見たくない現実を見て、練習をする

上達のためには、自分の姿を客観的に見ることが大切です。

現状の姿と、目標としている姿との間に、どのような違いがあるのかを、できるだけ正確に把握《はあく》して、練習をおこなうことが必要になります。

しかし、現状の姿を客観的に見て、それを練習に活用することは簡単ではありません。できていない自分の姿を見ることを嫌がる人も多く、その姿を見ることによって、自信を失って、自己嫌悪《けんお》に陥《おちい》る人もいます。

しかし、それらを乗り越えることができなければ、上達は難しいです。見たくない現実を見て、それを前向きに受けとって修正することで、上達できるのです。

自分の姿を客観的に見る簡単な方法が、自分の姿を動画に撮って、自分で見ることです。

練習中の姿を確認しながら、次の練習に活かしていくのです。

「私はわざわざ動画で見なくても、自分の姿はだいたい把握できている」

と思う人がいるかもしれませんが、**自分が描いている自己イメージと客観的な姿とが、思っている以上に違うことも少なくありません。**

その確認をしないで、練習を続けてしまうのは、大きなリスクを抱えることになってしまいます。

テニススクールに入会したばかりの生徒さんの一人に、バックハンドがうまく打てなくて、悩んでいる男性がいます。

彼は、うまく打てない原因はラケットの引き方が悪いからだと考えて、その部分を直そうと、一生懸命に努力をしていました。

「どのようにバックハンドを直したいのですか？」

と聞いてみると、

「前のスクールで、テイクバックでヘッドが高すぎるから下げるようにと、コーチから言われました。その部分を直したいです」

と答えてくれました。そこで、さらに確認をしたくて、

「自分のバックハンドを動画で見たことはありますか？」

とたずねると、

「何年か前に、リゾートに遊びに行ったときに、みんなでテニスをしているところを撮影したんです。そのときに、自分のテニスを見て、あまりにもイメージと違っていたのがショックで、それ以来、自分のテニスは見ていません」

と笑いながら答えてくれたのですが、本当は笑っている場合ではありません。

彼はバックハンドを直したいと思って練習をしているのに、その現状を理解しようとする努力をしていないのです。

自分では、ここを直せばうまくできるようになるはずだと思っていることが、正しいとは限りません。コーチが正しいことを指摘してくれていても、そのアドバイスの意味を勘違いして受け取ってしまうこともあります。

もしかしたら、彼がバックハンドをうまく打てない原因がテイクバック以外にある可能性もあるのです。そうだとしたら、彼は一生懸命に自分のフォームを悪くする練習をして

いることになります。

上達するためには、できるだけ現状を客観的に把握して、理想の姿とのギャップを埋めていく必要があります。

せっかくの努力を無駄にしないために、自分の思い込みに注意しましょう。

17 上達を目指す技術の中から好きなものを選んで練習する

上達を目指して練習をしていると、その分野の中でも自分の得意なことと苦手なことに分かれると思います。

このような状況になったら、苦手なことの練習もして、平均的にうまくなろうとするのでなく、まずは自分の得意なことを伸ばす練習を中心にしたほうが上達に役立ちます。

その理由は、得意なことが練習を支えてくれる大きな力になるからです。

意識の高い練習を続けていくには、自分が上級者に向かって、成長している実感を得ることが必要です。ドンドンとうまくなっていると感じられるときには、誰でも練習が楽しくなります。

しかし、ある程度上達してくると、どうしても初めの頃と比較すると、上達の速度が遅くなってきます。

そのときに、上達させようとしている分野の何か一つでも自信があって、周りの人からも高い評価を得ているものがあれば、練習のモチベーションは簡単には下がりません。

たとえば、テニスをやり始めた人の場合、全体のショットが一通りできるようになったときに、他のどのショットよりも、サービスが好きだと感じたら、まずは、サービスの練習を一生懸命にやることです。

当たり前のことなのですが、嫌いなことよりも、好きなことのほうが上達も早いので、この人のサービスのレベルはドンドンと高くなっていきます。同じ時期に始めて、いろいろな技術を平均的に練習している人と比べたら、持っているサービスのレベルが違ってきます。

そして、そのことを自分自身でも感じることもできるので、サービスに関しては大きな自信を持つことができます。

「サービスがうまいですね。始めたばかりとは思えませんよ」

と仲間やコーチに言われて、嬉しくなることもあると思います。

さらに、試合などでも、サービスを中心にゲームプランを組み立てれば、レベルが上の相手に勝てることもあるので、ますますテニスが楽しくなって、練習にやる気がでます。

このことは、テニス以外のことでも同じように当てはまります。

ゴルフならば、ドライバーが得意なのか、それともサンドウェッジが得意なのかを考えて、その能力を徹底的に伸ばしてしまいましょう。

そのクラブの使い方を極めることで、他のクラブを上達させる練習でも、役に立つはずです。

将棋ならば、攻めと守りのどちらが得意なのか。もしも守りが得意ならば、穴熊《あなぐま》囲いが得意なのか矢倉《やぐら》囲いなのか、というように考えて、この形になれば自信があるという陣形《じんけい》を徹底的に研究して練習すればいいと思います。

また、錦織選手の得意なショットに「エアK」と呼ばれるジャンプしながら打つ決め球があるように、上級者には必ず自分の得意な技術があります。

このような得意技《わざ》は、上級者になってから急に身につけたものではありません。**自分が好きで、いつも練習していた技術が磨かれた結果、大きな武器となっていることが多いで**

す。

まずは、得意な部分を伸ばしましょう。そのことで、「私はやればできるようになる」という確信を持つこともできます。

第4章

メンタルを強化する

メンタルが強くなければ、本番や試合で力を発揮できないだけでなく、上達のための努力も続けられなくなります。

メンタルの強化で最初に必要なのが、上達に対する考え方をしっかりと身につけておくことです。この作業をしっかりとやっておけば、決心が揺らがなくなるので、上達のための障害にぶつかっても、乗り越えることができます。

技術を身につけることができたとしても、それを本番や試合で発揮することができなかったら、本当に上達させたということにはなりません。そのためには、精神力、メンタルを強化するメニューを練習に取り入れることが必要になります。

この章では、まず、上達に対する大切な考え方を説明します。

そのあとに、試合や本番で起こりやすい精神的な問題を克服するための練習方法について考えてみましょう。

18 途中で挫折しないために目標を正しく設定する

テニススクールの生徒さんを長年見てきましたが、比較的早く上級者のレベルまでテニスを上達させることができる人には、ある共通点があることに気がつきました。

忙しい中、お金と時間を使ってレッスンを受けに来てくださる生徒さんですので、コーチの話を熱心に聞いて、一生懸命に練習をしてくれます。しかし残念ながら、すべての人がすぐに上級者のレベルまで上達できるわけではありません。

器用な人で、最初はどんどん上達できたのに中級者レベルで終わってしまう人や、ずっと初級レベルだと思っていたのが、急に上級者レベルになる人、あっという間に初級者から上級者になれる人など、人によって大きな違いが出てきます。

もちろん、同じテニスの初心者でも、これまでのスポーツの経験や年齢などで上達の速度が違うのは当然です。しかし、それ以上に上級者になれるかどうかを決めているのが、生徒さんの目指しているテニスの目標です。

私のテニススクールでは、初めてのレッスンのときに、安全のために生徒さんから健康状態についてお聞きしますが、それと同時にテニスに対する目標もお聞きするようにしています。

たとえば、初心者の方に目標をお聞きすると、「早く試合ができるようになりたいです」とか「運動不足なのでテニスで痩《や》せたいです」などというように、いろいろな目標を答えていただけます。

そのときに、最終的に上級者のレベルまでテニスがうまくなる人は、「トーナメントに出て勝てるようになりたいです」とか「コーチのように打てるようになりたいです」というように目標が上級者になることと強く結びついています。

生徒さんの目標は上達と大きく関係してきます。その理由は、目標によってコーチから受けとるアドバイスに対する行動が変わってしまうからです。目標の少しの違いが、上達に大きな影響を与えます。

たとえば、「試合ができるようになりたい」という目標を持っている生徒さんと「試合に勝てるようになりたい」という目標を持っている生徒さんを比べてみましょう。

二人の生徒さんが、一緒にサービスの練習をしているときに、コーチが、

「腕だけで打つのではなくて、しっかりと体重を乗せて打たないと、試合で通用するサービスになりません」

と同じアドバイスをしました。

このアドバイスに対して、目標が「試合ができるようになりたい」と思っている生徒さんは、

「体重を意識すると腕がうまく動かせない。コーチはダメだというけれども、早く試合で確実に入るサーブが欲しいから、私はとりあえず腕だけのサーブでもいいや」

と、試合に強くなることよりも試合ができるようになることを優先してしまいます。

しかし、同じアドバイスを受けても、「試合に勝てるようになりたい」と思っている生徒さんなら受けとめ方が違います。

「いまは安定しないかもしれないけれども、試合に勝つためには入れるだけのサービスで

はダメだ。時間がかかるかもしれないけれども、悪い癖をつけないように、しっかりと体重の移動を意識したサービスを練習しよう」

と思うことができるのです。

目標をどのように考えるかで、その後の思考や行動は変化します。

本当にわずかな違いのように思うかもしれませんが、「試合ができるようになりたい人」と「試合に勝てるようになりたい人」。二人の持っている意識の差が上達に与える影響は大きいです。

19 できるという確信を持つ

上達の目標を達成することでもっとも大切なのは、その目標が達成できるという確信を持つことです。

その目標に対して、確信を持てれば持てるほど、実現の可能性が高くなります。

どうすれば確信を持てるようになれるのでしょうか？

そのためには、目標をできるだけ具体的なものにする必要があります。

たとえば、テニススクールで生徒さんにテニスの目標を聞いたときに、

「早くテニスの試合に勝てるようになりたい」

と答えが返ってきたとしたら、この答えでは具体性が足りません。

そこで、コーチがその目標をできるだけ具体性を持った目標に変えてあげる必要があり

ます。

「どんなレベルの試合に勝ちたいですか？」

「いつごろまでに勝てるようになりたいと思っていますか？」

と質問をすることで、次第に目標が具体的になっていきます。

「来年の5月までに、軽井沢トーナメントの1回戦に勝ちたいです」

というレベルまで、目標を具体的にしていく必要があります
さらに、生徒さんに確信を持ってもらうためには、このトーナメントに出場して、勝利している自分の姿を明確に想像してもらうようにします。

「勝利の瞬間、満面な笑顔を浮かべて、がっかりしている相手と握手をしている」

「コートの横では、自分を応援してくれていたコーチが拍手をしてくれている」

「自分の気持ちは、これまでがんばってきた努力が報《むく》われたと、満たされている」

と想像してもらうことができれば、実現の可能性は高くなります。

ここまで、想像をしてもらっても、絶対に実現するという保証はありません。勝負の世界は厳しいので、どんなに努力をしていても、運悪く1回戦で優勝候補の強い相手と当たっ

て、負けることもあります。

しかし、想像もできないことを実現することはできません。試合に勝てることを想像できないのなら、実際に勝つこともできません。

このことはテニスのようなスポーツ以外でも同じことです。

絵がうまくなりたければ、その絵が評価されていることを明確に想像する必要があります。描いた絵が入選して、ホールに飾られて、人だかりができているシーンなどを思い浮かべることも必要になります。

仕事の能力を上達させたいのならば、それができるようになって、上司やお客様に評価されているシーンを明確に想像することです。

「ここまでやれば、私ができないことなんて考えられない。目をつぶれば、目標を達成しているシーンが、すぐに浮かんでくる」

と自分自身で言い切れるほどの確信を手に入れることができたら、その目標を叶えられる可能性は本当に大きくなります。

20 プライドを捨てるために、思い込んでいることを書き出して、否定してみる

上達をさせるためには、覚悟を決めなければいけないことがあります。その一つは目標を明確にして、最後までやりきる覚悟ですが、もう一つは、自分のプライドを捨てる覚悟を持つことです。

上達の邪魔をしている思い込みの説明でも少し触れましたが、上達を目指せば、自分の思う通りにいかなくてイライラすることがあります。そのようなときに、自分のプライドが高い人はできない自分を許すことができなくなって、上達をあきらめてしまいます。

そして、プライドを支えているのは、その人が持っている自分に対する強い思い込みです。その思い込みが上達の大きな障害になってしまうのです。

たとえば、テニススクールで伸び悩んでしまっている人の中には、

「どうして、こんな若いコーチに、偉そうに指導されなければいけないんだ」

と思ってしまう人がいます。

本当は、テニスのアドバイスをもらうのに、相手の年齢は関係ありません。関係があるとしたら、相手のテニスに対する能力が高いかどうかです。

それなのに、この人が素直にコーチのアドバイスを受けとることができないのは、この人のプライドが邪魔をしているからです。そして、そのプライドの陰《かげ》には、

「テニス以外では、私のほうが優《すぐ》れているのに、私をバカにしている」

「若い人は歳を重ねた人に命令をしたり、偉そうな態度を取ったりしてはいけない」

というような思い込みが隠れています。

プライドが邪魔をしてしまって、上達を妨げてしまっている例でよくあるのが、人の前で失敗して笑われるのを避けようとしてしまうことです。

本当は、わからないことがあって、コーチや先生に質問をしたいのに、

「変な質問をして、笑われたくない」

というプライドから、質問をするのをやめてしまいます。

わからないことをその場で、すぐに質問することができれば、上達の効果が高いので、これでは大きなチャンスを逃していることになります。

このプライドの陰には、「人に笑われるのは、恥ずかしいことだ」とか「失敗を人に見せることはいけないことだ」というような強い思い込みが隠されています。

プライドがまったくない人はいません。誰でも、プライドとそれに隠れている思い込みを持っています。

しかし、それが強すぎると上達の邪魔をしてしまうので、自分の思い込みを確認して、それに対して柔軟な考え方を一度、持っておく必要があります。

そのために、まずは、自分が絶対だと思っていることをできるだけ書き出して、そのことが本当に絶対なことかどうかを、第三者になったつもりで冷静に検証してみましょう。

たとえば、「**上達するためには、自分よりもうまい相手と練習しなければいけない**」というような思い込みを書き出したら、その思い込みを自分とは関係のない第三者になったつもりで、「本当にそのように言い切れるのか？」とか「絶対に例外はないのか？」というような質問をして、もう一度、冷静に考えるようにしてみます。

そうすれば、

「下手な相手と練習するときでも、練習方法を工夫すれば、上達に役立つこともある」

というような意見も思い浮かぶと思います。

このような作業をおこなった経験があれば、実際の練習の場面で、

「なんで、こんな下手な相手とばかり練習をしなくてはいけないんだ。こんな練習では何の役にも立たない」

というような思い込みを持たず、いい加減な練習をするのを防ぐこともできるのです。

ここでは、上達に関係のある思い込みの例を使って説明をしましたが、最初に思い込みをあげるときには、上達に関係がないと思うことでも、構いません。思いつくままに自分の思い込みをあげてみましょう。まったく関係がないと思っていた思い込みが、上達の妨げになっていることもあるからです。

無意識の思い込みは、上達をするのに大きな障害になることがあります。自分がどんな思い込みを持っているのかを一度、確認しておきましょう。

21 緊張したときにも力を出せるようにする練習とは

一生懸命に努力して、技術を身につけることができたとしても、それを本番や試合で発揮することができなかったら、本当に上達できたということにはなりません。

どうすれば、練習のときの力を本番や試合でも同じように発揮できるのでしょうか？

そのためには、精神力、メンタルを強化するメニューを練習に取り入れることが必要になります。

ここでは、試合や本番で起こりやすい精神的な問題を克服するための練習方法について説明していきます。

どんなに慣れている人でも、本番は練習とは違うので、必ず緊張をします。

オリンピックに出場をしているレベルの選手でも、競技前の表情からは、とても緊張をしている様子が伝わってきます。

しかし、トップ選手はその緊張を乗り越えて、結果を出すことができます。

その理由は、緊張した場面でも、自分の力を発揮するための練習を普段からおこなっているからです。

どのような練習をすると、本番の緊張に強くなることができるのでしょうか？

試合や本番で緊張してしまう原因は、練習では失敗が許されているのに対して、本番では失敗が許されないという大きな違いにあります。

ゴルフの練習場では、よいボールを連続して打てるのに、コースに出ると緊張して、体がうまく動かない人がいると思います。これも、失敗は許されないという意識が強く働いてしまうからです。

そこで、本番で緊張をしないためには、練習のときから失敗を許さないような練習をする必要があります。ゴルフの練習場でも、1球ごとに十分な間をあけて、コースをイメージしながら、打つ練習をしなければいけません。

練習では、もちろん失敗をすることもあります。その失敗から学んで、ミスを修正することで上達をすることもできます。

しかし、練習のときに、失敗をするのが当たり前だという意識が強くなってしまうと、本番で絶対にミスをすることができないという場面に追い込まれたときに、そのギャップが大きくなって、緊張から力を発揮できないことになってしまいます。

テニススクールに、強烈なフォアハンドを打つことができる男性がいました。練習のときに、打つショットはトップ選手と同じレベルです。

しかし彼は、試合になると緊張して、フォアハンドを振り切ることができません。その結果、半分ぐらいのスピードでボールをつなげるだけのフォアハンドになってしまって、なかなか勝利をつかむことができずに悩んでいました。

「練習でのショットを試合で打つことができるようになれば、負けないんだけどね」と試合に負けるたびに話していましたが、彼は、そのための練習をおこなっていませんでした。

コーチがフォアハンドに出してくれたボールを打つ練習はおこなっていたのですが、彼は、そのボールを絶対にコートに入れなければいけないという意識よりも、速いボールを打ちたいという意識が強かったのです。

ボールがアウトになっても、スピードがあれば、

「いまのボールは、少しアウトだったけれども、スピードは出ていたな」

と、納得してコーチが出してくれるボールを次々と打ち返していました。

このような練習を続けていれば、失敗が許されない本番で、緊張をしてしまうのは当たり前です。彼にとって本当に必要な練習は、絶対にミスをできないという意識で、フォアハンドを打つことです。同じ練習メニューでも、コーチがフォハンドに出してくれるボールを連続してコートに入れるという意識が不可欠です。

さらに、ミスをしてはいけないという意識を強くするために、途中でミスをしたら最初からやり直しで、10球連続で入るまで練習が終わらないというルールを加えてもいいと思います。徐々に失敗したくないというプレッシャーがかかるので、メンタルを強化する練習になります。

もしも彼が、このような練習でも、強いボールを打てるようになれば、本番でも同じようなボールが打てるはずです。

練習で失敗を繰り返していれば、本番のときにも、また失敗をするのではないかと不安になってしまいます。

本番や試合で、緊張をしないためには、「練習のときに、あれだけできていたんだから、大丈夫だ。絶対にできる」と思えることです。

緊張をする場面でも、成功をすることができるという強い自信を持つことができれば、練習のときの力を発揮できるはずです。

22 本当の自信をつける練習とは

試合や本番で緊張しないためには、練習で自信をつけることが必要です。

そのためには、絶対に失敗をしてはいけないという意識で練習をして、成功させることが重要になるのですが、自分が簡単にできることに挑戦しているだけでは、本当の自信をつけることはできません。

たとえば、ある程度、テニスのサービスができる人なら、どんなサービスでもよければ、10回連続でサービスを入れてくださいと言われても、それほど緊張はしません。

このような場合には、練習をすることのレベルを上げる必要があります。当たり前にできることばかりを練習していても、本当の自信にはなりません。

このように説明すると、「しかし難しいことに挑戦していたら失敗が多くなってしまうので、反対に自信をつけることができない」と思う人もいるかもしれません。

たしかに、難易度の高い練習ばかりをしていると、毎日、数多くの失敗をすることになってしまうので自信を失ってしまう原因にもなります。自分のレベルを考えないで、難しい練習をおこなうことは、ケガや故障の原因になるので、避けたほうが賢明です。

そこで、自分のレベルよりも少しだけ、上のレベルに挑戦することが、練習で自信をつけるためのポイントになります。

これは、子どもの跳び箱の練習を考えてもらうとわかりやすいです。

どうすれば、跳び箱の練習を通じて、子どもに大きな自信を手に入れてもらうことができるのでしょうか？

そのためには、**いつも跳ぶことができている段数より、一段だけ高い段数に挑戦してもらうことです。**

いつも5段の跳び箱で練習をしている男の子ならば、6段の跳び箱に挑戦してもらいます。

そして、6段の跳び箱に挑戦するように話したときに、男の子が少し悩みながら、

「6段なんて僕にはまだ無理だよ。ちょっと高すぎるよ」

と答えてくれたとしたら、自信を持ってもらう大きなチャンスです。

跳び箱を跳んだ経験がある人は、そのときのことを思い出してみてください。

一度も跳んだ経験がない段を跳ぼうとしたときには、失敗をして、痛い思いをする恐れがあるので、勇気が必要だったはずです。その恐れを乗り越えて跳ぶことに成功をしたとき、自分に対する強い自信を手に入れることができたと思います。

しかし、少し上のレベルに挑戦するときに、その恐怖心が大きすぎると、体が萎縮《いしゅく》して失敗の原因になることがあります。そこで、ある程度、挑戦をすることが安全だと思えるような工夫することも必要です。

もしも、その子が6段の跳び箱を跳ぶことをどうしても怖がるようなら、誰かが跳び箱のすぐ横についていて、サポートしてあげるとか、横にマットを引いてあげるような恐怖心を少なくする工夫が大切になります。

同じことが余裕を持ってできるようになったら、少しだけ、レベルの高い練習に挑戦してみましょう。

このような練習を繰り返していけば、徐々に自分のレベルを上げながら、自信を強くしていくことができます。

それによって、試合や本番で動じないメンタルも強化されていくことになるのです。

23 悪条件を跳ね返す精神力をつくる練習とは

スポーツの試合はいつもベストの条件でおこなわれるとは限りません。雨や強風の中でもおこなわれます。そのような悪条件のときに、力を発揮できなければ、せっかくの練習の成果が無駄になってしまいます。

どのような練習をすれば、悪条件に強くなることができるのでしょうか？

それは、悪条件を自分の味方にする練習をしておくことです。

たとえば、テニスの試合は、強風の日でもおこなわれます。

そのような日に、試合に負けてしまった人が、

「風が強くて、まともなテニスができなかったよ。この風では負けて当たり前だよ」

と話していたら、どう思いますか？

「そんな風なら、仕方がなかったね」

と、納得をさせられてしまいそうになりますが、本当は違います。

風が吹いていたのは、この人が打つときだけではありません。相手が打つときにも同じように吹いていたはずです。

この人が負けてしまった本当の理由は、風に対応する能力が相手よりもなかったことです。そして、**試合の最中に、そのことを負けることの言い訳にしてしまったことが大きな敗因です。**

もしも、この人が悪条件を味方にすることができていたら、

「今日は、風が強くてラッキーだな。風をうまく利用して攻撃できる」

というように、状況を考えて試合をすることができました。

悪条件を味方にするためには、普段から悪条件でも試合に備えて前向きに練習をする必要があります。

「こんな雨の中で練習をするのは嫌だな」と考えるのではなく、「雨の中では、どんな技術が効果があるのだろう」と考えながら練習することです。

普段から悪条件でも練習していれば、本番で、そのような状況になったときでも、動揺はしません。それどころか、この悪条件は、大きなチャンスだと考えることもできるようになります。悪天候は、雨や風の日でも、休まずに練習をがんばってきた人にとっては、その成果を発揮する絶好の機会になります。

練習の結果を本番や試合で出せる人は、悪天候のように、自分で変えられない状況に対して、不満に思ったり、文句を言うことはありません。

その行為が自分に対して悪い影響を与えることがわかっているからです。それよりも、その状況に対応することに全力を向けることが重要なこともわかっています。

このような考え方は、練習の時間だけで身につけるのは難しいです。

そこで、普段から自分では、コントロールできないことに対して、冷静に対応する思考をつくる訓練をしておきましょう。

人に対して、文句を言うことが多いなと感じている人は要注意です。他人はコントロールできません。コントロールできるのは、自分の行動だけです。

24 最後まで、力を出し切るための練習とは

勝っている試合を勝ち切るのは、思っている以上に大変です。

野球では、ピッチャーが勝ちを焦ってペースを乱してしまうので、9回裏の2アウトからの逆転を見ることが多くあります。また、テニスでも、マッチポイントを取ってから逆転されてしまうことは珍しくありません。

どうしても勝っているときには、早く勝利を決めたいという思考から、余計な焦りが生まれたり、自分の力を出せなくなります。

「ドーハの悲劇」と呼ばれている、日本が初めてのサッカーワールドカップ出場をかけた、カタールのドーハでおこなわれた試合を覚えている人も多いと思います。

この試合は、終了間際のロスタイムに、日本がイラク代表にゴールを決められて、2対

りますす。

2の同点にされてしまいました。その結果、日本はワールドカップの出場を逃すことにな
ります。

私の友人もそうでしたが、この試合を見ていた多くの人が、
「なんで攻撃をしたんだ。守りきればよかったのに……」
と、残念そうに話していました。

しかし、もうすぐ勝利だと思う気持ちが強いほど、守り切るのは難しくなります。
どのような練習をしておけば、このような状況のときでも、勝ち切ることができるのでしょうか?

その答えを競泳の北島選手が金メダルを取ることに貢献した、脳神経外科医の林成之先生に教えていただきました。

オリンピックの前、北島選手は、試合の後半、特にゴール前でスピードが落ちることに悩んでいました。彼はその原因をスタミナが不足しているからだと考えていました。

しかし、彼の練習を見た林先生は、そのようには考えませんでした。

「北島選手のスピードが落ちてしまうのは、彼がゴールを強く意識してしまうために、無

意識に、体の機能が弱まってしまうことが原因だ」と考えました。

林先生によると、**脳には達成を意識した途端に、すでに達成したというように考えて力を弱めてしまう性質があるそうです。**

そこで、林先生は、北島選手にゴールよりも先に、本当のゴールがあると脳に認識させることができるようになる練習をおこなってもらいました。

北島選手がタッチする壁をゴールと思うのを防ぐために、壁をタッチして、振り返って掲示板を見るところまでをゴールと考えて、掲示板を見るところまでを全力でおこなう練習を繰り返したのです。

このように考えられれば、壁がゴールではなくなるので、力が弱くなることはなくなります。その結果、北島選手は見事に金メダルを獲得することができました。

林先生の話されるように、人間の体は思考に左右されることが多くあります。

本番や試合で力を出し切るためには、練習中に何を考えるかが、大きなポイントになります。

第5章

伸び悩みの時期を乗り越える

上級者になるための努力を続けていると、上達の大きな壁にぶつかります。

多くの人が、どんなに努力をしてもまったく上達できない、進歩が止まってしまう状況にぶつかってしまいます。それが学習心理学の世界で「プラトー」と呼ばれている、進歩が一時的に停滞する状態です。

この状況になってしまうと、どんなに練習しても、なかなか上達を感じることができないので、練習のモチベーションが大きく下がってしまいます。

どうすれば、この「プラトー」を乗り越えることができるでしょうか？

この章では、プラトーの状態になったときの考え方や練習方法について考えてみます。

25 上達が停滞するプラトーの存在を認めて、受け入れる

「プラトー」と呼ばれている、上達が停滞している時期を乗り越えるためには、まずは、上達度が真っすぐ上がっていくのではなく、必ず上達が止まる時期や、努力すればするほど下手になる時期があることを認めることが必要になります。

このプラトーの時期の長さや頻度《ひんど》には個人差があるのですが、テニススクールに通っているある生徒さんの練習時間と、上達度の関係を簡単に図に表すと次のページのようになりました。

この図の中に、矢印で示した期間がプラトーと呼ばれている部分です。

人によっては、上達が止まるどころか、技術が下がってしまう人もいるので、この時期を乗り越えるのは精神的にも大変です。

【あるテニススクール生のプラトーの図】

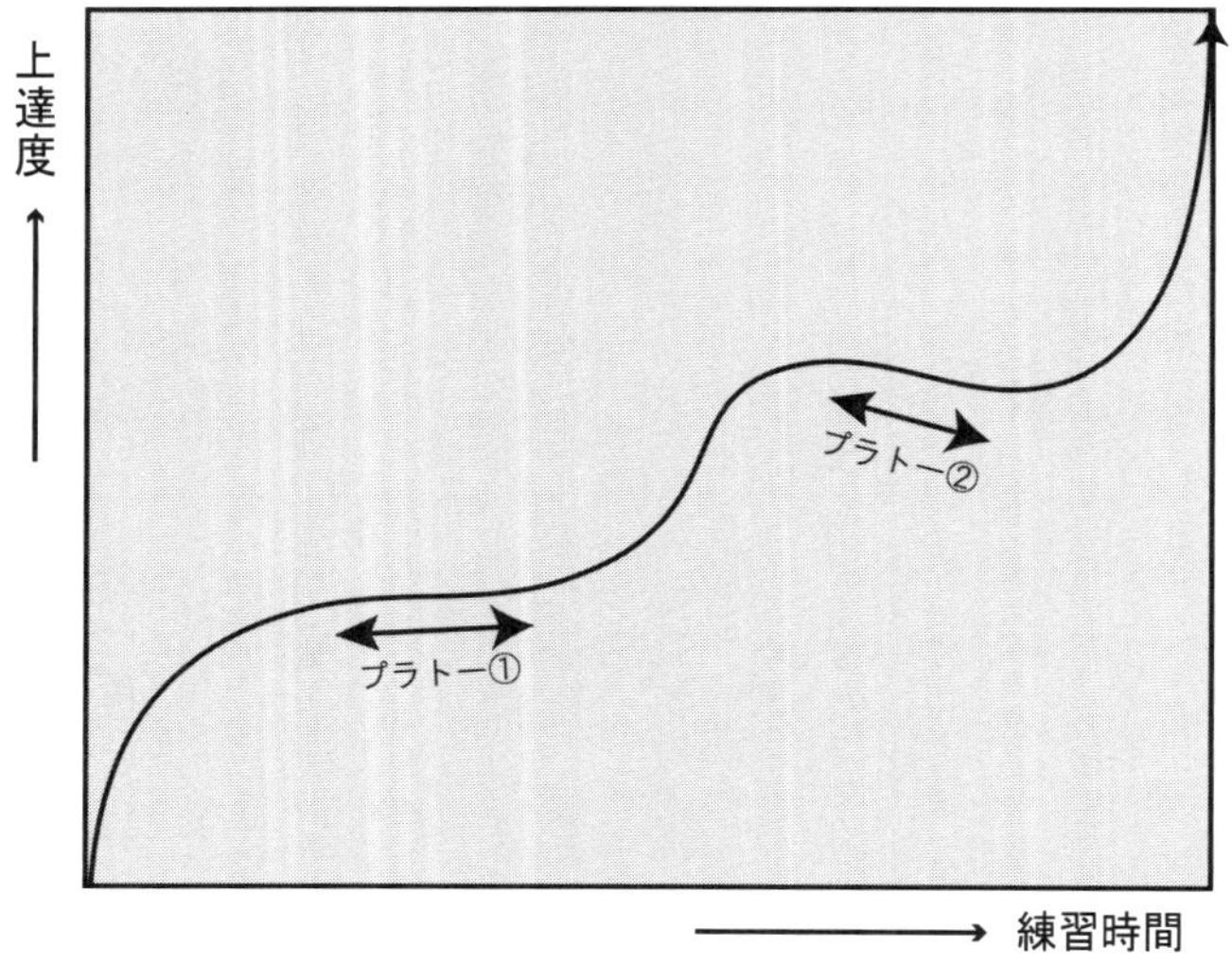

　プラトーについてのイメージをつかんでもらうために、この図で表されている生徒さんがどのような過程を経て、初心者から上級者になることができたかを見てみましょう。

　この生徒さんの場合、スクールに入会した初めのうちは練習を繰り返すことによって、順調に上達をすることができたことがわかります。

　しかし、中級者のレベルに到達した頃に、練習しても上達が止まってしまう最初の停滞、プラトーの時期に入ってしまいました。

その後、その時期を乗り越えると、再び急激にうまくなって、上級者の手前で次の停滞、プラトーの時期を迎えますが、2回目のプラトーは1回目よりも深刻です。

こんどの場合は、練習をしても上達できないどころか、やればやるほど、実力が下がってしまう状況だったからです。

しかし、この生徒さんは、そのプラトーも乗り切り、上級者となることができました。

比較的テニススクールの生徒さんに多い、上達曲線を紹介しましたが、どんなことでも上級者になろうと思えば、このようにプラトーを何回か乗り越える必要があります。

そのためには、自分がプラトーの状態にあると感じたときの考え方が重要になります。

「どうして、こんなに練習をしているのにうまくなれないんだ」

と思ってしまったら、やる気を失ってしまうので、**プラトーの時期には、いい意味で上達をあきらめることがポイントです。**

上達をすることよりも練習そのものを楽しむように、気持ちを切り替えましょう。

たとえば、いつもならば、

「今日の練習でサービスを必ず上達させる」

と強く心に誓って、必死に練習をするようなタイプの人でも、

「今日もテニスでいい汗をかけるぞ。その後のビールが楽しみだ」

というような考え方をすることが必要になります。

私も経験がありますが、プラトーが長引くと本当につらいです。

しかし、それを乗り越えることができれば、次元が違うレベルを手に入れることができます。

「この伸び悩みの時期も、いつかは終わる。その後は大きく、実力が伸びるぞ」

という希望を忘れないことです。

26 精神的なダメージを乗り越えるために笑いの力を利用する

プラトーの時期を乗り越えるには、練習を楽しむことが大切になります。

しかし、上達が停滞している状況では練習中も失敗が多く、悩んでしまうことも少なくありません。

このような状況に陥ってしまったと感じたときに、活用をしてほしいのが、**笑いの力**です。笑顔を絶やさないような練習を心がけることがポイントになります。

私が中学生の頃までは、「練習中に歯を見せるな！　真面目にやれ！」と部活で怒られることもありましたが、いまはスポーツ心理学の研究も進んで、意識的に笑顔をつくることを指導する先生も増えています。

毎年、高校野球の甲子園に出場するような学校を見ていると、選手たちが本当に笑顔で楽しそうに野球をしています。その笑顔は、ピンチのときでも変わりません。ピッチャーが打たれて、内野手がマウンドに集まるような場面でも、深刻な表情をしている選手は誰もいません。笑顔で、ピッチャーに声をかけています。

さらに、監督のアドバイスを伝えるためにマウンドに走ってくる選手は、ピンチなのにとびっきりの笑顔です。

このような選手たちは、笑顔が与えてくれる効果をわかっています。

ピンチのときに深刻な表情をしてしまえば、緊張から力が入ってしまうだけではなく、ピッチャーにも余計なプレッシャーを与えてしまいます。

しかし、笑顔で声をかけることで自分自身の力も抜けて、さらにピッチャーの緊張もほぐすことができます。

このような説明をすると、緊張しているときには、笑顔になれないという人がいるかもしれません。

たしかに普段から、緊張した場面で笑顔をつくる練習をしていないと難しいと思います。

しかし、そのような場面で顔の筋肉を意識的に動かして、笑顔の表情をつくる練習をやっておけば、追い込まれた楽しくない状況でも、意識的に笑顔をつくることができるようになります。

そして、意識的に笑顔をつくることで、体の状態や感情を変化させることもできるようになります。

このことは、実際にやってもらえばすぐにわかると思います。ためしにいま、笑顔をつくってみてください。

どのような気分になりましたか？

体の力が抜けて、少し楽しい気分になった人が多いと思います。

人間は、楽しいことがあると、その感情が顔の筋肉に影響を与えて笑顔をつくります。

そして、悩んだときにも、同じように感情が顔の筋肉を動かして、眉間《みけん》にしわを寄せたような表情をつくります。

このように感情が顔の表情に影響を与えるのですが、この反対に、意識的に顔の筋肉を動かして、笑顔の表情を作ることによって、筋肉の動きから感情が影響を受けて、楽しい気分になります。

プラトーの時期は、上達が止まってしまっているので、悩んで眉間にしわを寄せたり、イライラして、怒ったような表情をすることがどうしても多くなります。

そこで、練習では、無理にでも笑顔をつくるようにしてみましょう。

悩みが完全に解決されることはありませんが、力を抜くことはできるはずです。

笑顔で練習を楽しみながら、プラトーを乗り越えましょう。

27 自分を追い込まない

プラトーの時期には笑顔をつくることをすすめましたが、反対にやってはいけないことがあります。

それは、「こうしなければいけない」という命令を出して自分を追い込むことです。

こうしなければいけないと思ったことを正確にできるのは、調子がいい時期です。そのような時期ならば、自分を追い込むことで力を発揮できるので、問題はありません。

しかし、上達が伸び悩んでいるプラトーの時期に、自分を追い込んでしまうと力が入りすぎたり、焦ったりして、悩みが深くなってしまいます。

たとえば、テニスである人がサービスのリターンをうまく返すことができなくなって悩んでいるときに、さらに、

「このボールは、どんなことがあっても、絶対にミスってはいけない」

と、強く思ってしまったらどうでしょうか？

力が入りすぎて、腕や脚がスムーズに動かなかったり、焦ってタイミングが狂《くる》ってしまったりして、うまく返せないと思います。

「どうしてミスをするんだ。あんなにミスはダメだと言い聞かせたのに……」

と、ますます悩むことになってしまいます。

調子が悪いときには、これだけはしてはいけないと強く思ってしまうと、反対にそのことを引き寄せる結果を招《まね》いてしまいます。

ゴルフの場合なら、あの池に打ってはいけないと強く思えば思うほど、池のことが気になってしまって、池に入れる結果になってしまいます。

このような話をすると、自分に命令を出さなければ、体を動かすこともできないと思うかもしれません。

テニスのリターンの場合でも、ボールを打つという命令を出すことは必要です。しかし、ボールを絶対に返さなければいけないという思考は、**考えることの焦点を変えることによっ**

て、なくすことができます。

たとえば、先ほどのリターンを返す例なら、しっかりと打って返さなければいけないと強く思う意識を他のことに変えてあげればいいのです。

たとえば、飛んできたボールが弾《はず》んだときに、「弾んだ」と言いながら、打つ練習をしたら、どうでしょうか？

ボールを返さなければ、いけないという思考から、弾んだ瞬間を見て、声を出すという思考に変わるので、体の力が自然と抜けます。

それでも、考えてしまうのなら、速いテンポで次々とボールを出してもらって、打ち返してみましょう。考える暇がないので、余計な力が入らなくなるはずです。

プラトーの時期は、考えすぎてしまうとその思考に縛られてしまって、ますます上達できなくなります。悩んでいると思ったら、とにかく、行動をすることです。

28 基本的な練習をゆっくりとおこなって、心と体の状態を整える

プラトーの時期に、焦って難しいことをやろうと思えば、悩んでしまうことが多くなってしまいます。そこで、もう一度、ゆっくりと基本的な技術を見直してみることが脱出のきっかけになることがあります。

簡単な練習メニューをおこなって、基本の技術がしっかりとできているのかを一つずつ確認していきましょう。

たとえば、テニスの場合なら、初心者の頃に戻ったつもりでコーチが手で出してくれたボールをゆっくりとしたスイングで打って確認をしていきます。

ラケットの握り方はどうなのか？

ラケットの引き方は正しく引けているのか？

ボールはガットのどの部分に当たっているのか？

というように、細かいパートにわけて確認することで、忘れてしまっていた基本を思い出すことができます。

前にもお話ししたように、自分のフォームを動画に撮って、見ることも重要です。自分ではできているつもりでも、思ったような動きになっていない場合があるからです。

そして、確認をするときには細かい部分だけではなく、全体のバランスが崩れていないかのチェックも大切になります。

伸び悩んでいるときには、いつの間にか、全体のバランスが悪くなってしまっていることが多いからです。

たとえば、テニスの場合、力が入り過ぎて、全体のバランスが崩れてしまうと、背中が丸まってしまって、腕や脚をスムーズに動かすことができません。顔の前後のぶれも大きくなるので、飛んでくるボールが見にくくなります。

力の入り方はどうなのか？

背骨を中心に軸が安定しているのか？

顔や目の動かし方はどうなのか？

というようなところをチェックしてみましょう。

そして、伸び悩んでいるときには、どうしても、体に無駄な力が入ってしまうので、練習の前にリラクゼーションをおこなって力みを取ることも有効です。

練習の前にできる簡単なリラクゼーションのやり方ですが、自分が落ち着ける静かな場所に座って、軽く目を閉じます。

そこで、以前に自分の心が落ち着いて、いい気分になることができた場所を想像します。きれいなビーチや、高原の朝の風景などを想像するといいです。

想像することができたら、そのまま呼吸に感覚を集中していきます。そして、呼吸の音を聞きながら、指先や足の先から徐々に力を抜いていきます。

このときに力が抜けない場合には、呼吸を深く、ゆっくりとしたペースでおこなうように調整します。

全身から力が抜けた感覚を充分に味わったら、最後に、

「これで、リラックスすることができたなぁ」

「体が楽になったなぁ」

というようなプラスの暗示を与えて終わりにします。

プラトーの時期には焦って練習をすると、負荷がかかりすぎて、ケガや病気の原因になります。

心に余裕を持って、基本となる技術をもう一度、チェックしてみましょう。

29 練習に遊びの要素を入れて、モチベーションを高める

伸び悩んでいるプラトーの時期には、上達を感じられなくなって練習へのモチベーションが下がってしまいます。

そこで、少しでも練習が楽しくなるように工夫をすることが必要になります。練習に遊びの要素を入れてあげましょう。

たとえば、普段ラケットを右手で握ってテニスをしている人なら、左手に持って練習をしてみます。

当然、うまく打つことはできませんが、ミスをしても当たり前なので、楽しく練習をすることができると思います。

そして、このような練習から自分の悪い部分に気づいたことがきっかけになって、でき

るようになることも数多くあります。

左手で打つことで、左右のブレがあったことに気づいて体のバランスがよくなることがあるのです。

さらに、**遊びの要素として、ご褒美《ほうび》をもらえるようにすると、楽しみながら集中した練習をすることができます。**

テニスのサービスの練習なら、コートにボールの缶を立てて、缶を多く倒した人がジュースをおごってもらえるというような、ゲーム感覚の練習をおこなってみます。

試合やポイント形式の練習と違って、運の部分が大きいので、調子が悪い時期でも楽しくできると思います。

このようにご褒美があると練習が楽しくなりますので、一人で練習をするときにも、自分にご褒美を出すというような工夫をしてみましょう。

小さな課題ができたときに、自分が食べたかったものや、やりたかったことをご褒美として用意すればいいと思います。

たとえば、ゴルフのパターの練習で、連続5回入れることができたら、ちょっと高級なケーキを食べるというようなことや、将棋で、詰《つめ》将棋の問題が5分以内に解《と》けたら、見たかった映画を見るということがいいと思います。

このような話をすると、「練習はまじめにやらなければいけない。遊びながらでは練習にならない」と思う人もいるかもしれません。

たしかに体力をつけるためには、苦しい練習も必要です。試練を乗り越えることで精神的な成長もあります。

しかし、まったく楽しい要素がなければ、練習を続けることができません。特に上達を感じられないプラトーの時期には、練習を楽しくする工夫が大切になります。

上達できない時期には、練習が楽しかった人でも、いつの間にか、試合などで結果を出すことのほうが、楽しむことよりも重要になってしまいます。

私もそうですが、初心者の頃は上達が目標というよりは、テニスそのものが楽しくて、暗くなってボールが見えなくなるまで夢中になっていました。

もしもその当時に、誰かに、

「なんで、そんなに練習をするの？」

と聞かれたら、

「テニスが楽しいからだよ」

と笑顔で答えたと思います。

なかなか上達することができなくて悩んでしまったら、小さな子どもが夢中になって遊ぶように、そのことを楽しんでいた自分の姿を思い出してください。

第6章

コーチの力を活用する

上達をするためには、コーチが必要になります。

コーチがいなくても一人の力で上達をすることもできますが、自分の努力が間違った方向に行ってしまったとき、コーチがいなければ、まわり道をすることになるかもしれません。また、モチベーションが下がってしまったときに、コーチの力によって自分が支えられることも多くあります。

トップ選手の影には、その活躍を支えている素晴らしいコーチが必ずいます。

コーチは、それを職業にしている人とは限りません。プライベートで友人や家族など身近な人にコーチの役割をお願いすることもできます。

この章では、どのようなコーチを選んで、どのように活用をするのかについて考えてみましょう。

30 いいコーチの選び方とは

上達したい人がコーチに求めているのは、技術を高めるのを助けてくれることです。

そう考えれば、コーチを選ぶときの1番のポイントになるのが、そのコーチが真剣に自分のことを上達させようと思って助けてくれる人なのかどうかを、確認することです。

このような説明をすると、コーチを職業にしている人ならお金を払うので、真剣に考えて助けてくれるはずだと思うかもしれませんが、そうではない場合もあるので注意が必要です。

たとえば、テニススクールの業界にも、いろいろなコーチがいます。

適当に教えて、お金を稼げればいいと思っているような悪いコーチは少ないのですが、生徒さんを上達させてあげたいという想いには大きな差があります。

なんとか生徒さんを上達してもらいたいという気持ちから、自分の休みの日にも、生徒さんのことを思いながら、熱心に最新の技術を研究するようなコーチもいれば、生徒さんには、運動して気持ちのいい汗を流してもらえればいいと考えるコーチもいます。

自分のテニスを上達させたいと思っているのならば、選ばなければいけないコーチは前者で、後者の、気持ちのいい汗をかかせてあげたいと考えているコーチではありません。

上達させたいという想いがあるコーチが見つかったら、次に確認したいのが、自分が高めようと思っている技術について、どのくらいコーチが理解しているのかということです。

このときにポイントになるのが、その技術をコーチがうまくできるかどうかよりも、その技術についての理解が深く、教え方がうまいコーチを選ぶことです。

スポーツの世界でも、**活躍したトップ選手がすべて一流のコーチになれるとは限りません。**自分がうまくできることと、教えられるかということは別の能力だからです。

たとえば、テニスの技術がどんなにうまくても、各ショットの理論や調子が悪くなったときの修正方法などの知識がなければ、上達を助けてもらうことはできません。

さらに、どんなに詳しい知識を持っていても、それをわかりやすく伝えられるコミュニケーション能力がなければ、その知識は無駄になってしまいます。

いいコーチを選ぶには、まずはコーチをお願いしようと思っている人が、どのような教え方をするのかをチェックしてみましょう。

見本をしっかりと見せてくれて、そのポイントをわかりやすく説明しているのか？

注意ばかりしていないで、相手の話をしっかりと聞いてあげているのか？

この二つのことが少なくともできているコーチでないと、上達は難しくなります。

上達させてあげたいという熱意があって、技術とコミュニケーション能力が高いコーチを見つけるのは簡単ではありません。

しかし、上達をするのには、いいコーチを見つけることが必要です。

「教えるのは適当だけど、他にいい人もいないから、このコーチでいいや」

というように、妥協しないで、いいコーチを見つける努力を続けましょう。

31 コーチの活用方法とは

いいコーチが見つかったら、そのコーチをうまく活用して上達に結びつけることが大切になります。

そのためには、まずは自分のことをコーチに理解してもらう必要があるので、コーチに積極的に自分のことを伝えるようにしましょう。

どんなにコミュニケーション能力が高いコーチでも、しっかりと自分のことを伝えなければ、伝わらないこともあります。

まず初めに、自分が上達したいことの目標をコーチに説明して、お互いの共通認識としておくことがポイントです。

同じようにテニスを習い始める人でも、1年間でテニスの試合ができるようになりたい人と、3か月で試合に勝てるようになりたい人では、コーチの教え方や練習の内容も違ってきます。

どのくらいの期間で、どのように技術を高めたいのかをしっかりとコーチに説明しておきましょう。

このときに、目標以外にも、これまでの経験や教わることへの不安、時間の制約なども伝えておくと、コーチが練習のプランを考えるときに役立ちます。

たとえば、テニススクールに通い始める場合ならば、

「高校のときにバスケットボールを部活でやっていました。社会人になってからは、本格的な運動はしていないので、体力的についていけるか心配です。毎週2回は通えますので、よろしくお願いします」

とコーチに最初に説明をしておけばいいと思います。

そして、コーチに対しては遠慮しないで、少しでも悩んだらすぐに質問をすることが、上達するための大きなポイントになります。

「こんなことを聞いたら恥ずかしい」

「どのように、質問をしたらいいのかわからないな」

というような気持ちで、悩むよりも、

「何と聞いたらいいのかわかりませんが、しっくりこないんです」

というレベルで十分ですので、すぐに質問をするようにしましょう。

悩みながら練習をやっている状況では、上達することはできません。

前にも説明をしましたが、もっとも上達の妨げになるのが、間違った練習を繰り返してしまうことです。

テニスの場合に、間違ったフォームで練習を繰り返してしまったら、そのためについてしまった悪いクセを直すには、それ以上の時間が必要になってしまいます。

以前に教えていたある生徒さんが、私を驚かせたくて、内緒でスピンサーブの練習をしていました。ある程度、打てるようになってから見せてくれたのですが、思わず、

「どうしてもう少し早く見せてくれなかったんですか？　体重が後ろに乗るクセがついてしまっています。このクセを直すのは大変ですよ」

と注意してしまいました。

この生徒さんの熱意は素晴らしいのですが、間違った努力を一生懸命にやってしまうことほど、もったいないことはありません。

そのようなことを防ぐためには、常に正しいフォームで練習をしているかをコーチに確認してもらう必要があります。

32 上級者をモデリングする。違いをもたらす違いを見つける

赤ちゃんが両親の真似をしていろいろなことを覚えるように、人間には目の前にいる人の真似をする才能があります。そのことを利用して、コーチや上級者の真似をして上達をしましょう。コーチに、できるだけ見本を見せてもらうことがポイントになります。

もしも、コーチの説明が言葉だけの場合には、そこで満足をしないで、

「せっかくのアドバイスですので、しっかりとイメージでも記憶しておきたいです。

ぜひ、見本を見せてください」

とお願いをすれば、喜んでコーチは見せてくれると思います。

そして、**コーチの見本を見るときには一つの方向からではなく、前後左右のいろいろな方向から見ることが大切になります。**

たとえば、コーチからテニスのサービスを教わっているのなら、コーチの真横からの姿だけを見るのではなく、前方からの姿や後方からの姿も必ず確認するようにします。横からの姿だけでは、腰の回転が良く見えなかったり、前方からだけでは、体重の移動がわからなかったりすることもあります。すべての方向から繰り返し見ることによって、正確なイメージを自分のものにすることができます。

このことは、トップ選手の動画を参考にするときも同じです。同じ方向から撮影された動画ばかりを繰り返して見てしまうと、間違ったイメージを一生懸命につけてしまっていることになりますので、注意が必要になります。

そして、方向以外にもコーチを見るときには、いろいろな見方をすることが大切です。たとえば、腕や脚の動きだけではなく、その動作を行っているときの目線はどこを向いているのか？　息を吸うタイミングと吐くタイミングはどのようになっているのか？　というように、いろいろな部分に焦点を当てて、見るようにします。

そして、十分にコーチの技術を見ることができたら、コーチの真似をするのですが、そのときに、大事なことは、真似をするポイントを間違えないようにすることです。

どんなことでも、上級者と中級者を分けている大きな違いがあります。違いをもたらしている違いです。

その技術の最大のコツになるので、コーチに、

「特に、どんなことに気をつけて、真似をすればいいですか？」

というような質問をして、確認をしましょう。

それでも、その技術の違いをもたらす違いを理解することは、簡単ではありません。

まずは、数多くのコーチや上級者の姿を観察することです。

数多くの上級者の動きを注意深く見ることによって、違いをもたらす違いが何かをつかむことができます。これはスポーツ以外でも同じです。絵や写真なら先生や上級者が作った作品を数多く見ることで、そのポイントがわかると思います。

そして、コーチを観察するのは、その姿だけではありません。

上達しようとしていることに対しての、熱意や取り組み方なども観察してみましょう。

ある一つのことを極めて、コーチとして、そのことに一生をかけている人から学べることは数多くあります。

33 精神的に支えてくれるコーチを見つける

上達を目指すときに、必要なのが精神的な強さです。

しかし、思うような結果が出ない日が続いてしまえば、練習をする気分になれなかったり、いまが自分の限界で、これ以上は上達することはできないのではないかと不安に思ったりすることもあります。

そのようなときに、精神的に支えてくれる人がいれば、がんばることができます。

マイケル・チャンコーチが錦織選手に「絶対に勝てる」と自信を与えてくれたように、精神的な支えになってくれるコーチを見つける必要があります。

こう説明をすると、教える技術があって精神的にも支えてくれるような理想のコーチは見つからない、と思う人がいると思います。

そんな理想のコーチは多くはないでしょう。しかし、コーチは一人とは限りません。もしも、両方を兼ね備えた人がいなかったら、二人の人にお願いをすればいいのです。**上達したいことを技術的に教えてくれるコーチと、精神的に支えてくれるコーチの二人を見つけましょう。**

そして、精神的に支えてくれるコーチは、身近な人にお願いすることもできます。

たとえば、結婚をしている男性がテニスの上達を目指しているのなら、奥さんに精神的に支えてくれるコーチをお願いする方法もあります。

このときにも、前に書いたように、奥さんに上達の目標や不安に思うことを話しておく必要があります。特にこの場合は、精神的な部分のコーチをお願いするわけですから、その部分については詳しく話しておきましょう。

身近な人の場合には、少し照れくさいかもしれませんが、

「試合に負けて落ち込んでいたら、励《はげ》ましてほしい」

というように、自分の気持ちと求めることをしっかりと伝えておく必要があります。

そして、コーチに精神的な支えになってもらうためには、自分の気持ちを言葉にして、い

つでも、素直に伝えることも大切になります。

「機嫌が悪い態度をしているのだから、何か言ってよ」

と思っているだけでは気持ちは伝わりません。素直に、

「調子が悪くて、イライラが止まりません。何かアドバイスをお願いします」

というように気持ちを伝えるようにしましょう。

思っていることを素直に伝えることで、コーチとの信頼関係が強くなって、精神的な大きな支えになってくれます。

夫婦や親子のように、身近な人が精神的なコーチとしての役割を果たして、しっかりと上達することを支えてくれれば、

「誰よりも、私のことをわかってくれている人が応援してくれているんだ。絶対にやり遂げられる」

という自信を得ることもできるので、上達するための大きな力になります。

34 上達に役立つ仲間を見つけて活用する

この章では、コーチについての説明をしてきましたが、コーチがどうしても見つからない場合もあると思います。

そのようなときには、一緒に上達を目指している仲間にコーチの役割をしてもらうように協力をお願いしてみましょう。それぞれが持っている得意な技術を教え合うことで、お互いにコーチの役割をすることができます。

たとえば、テニスの場合なら、サービスの得意な人がサービスをみんなに教えてあげる代わりに、苦手なバックハンドのコツは誰かに教えてもらうようにします。

このように、仲間で協力をすることで、お互いにコーチをすることができるのですが、そのときに、気をつけないといけないポイントがあります。

それは、仲間からのアドバイスを素直に聞くことです。コーチと違って、仲間の場合には、ライバルでもあるので、

「なんで、こんなやつに偉そうにいわれないといけないんだ」

と思ってしまうこともあるからです。

そして、そのように思われないためには、教えるときの言い方にも注意が必要です。できるだけ命令や断定をするような言い方ではなく、相手の気持ちを理解して励ましになるように助言をすることが大切になります。

テニスのフォアハンドに悩んでいる仲間へのアドバイスなら、

「もっとしっかりとボールを見ないと当たらないよ」

と命令をするのではなく、

「一生懸命に振っているのはわかるんだけど、もう少し、しっかりとボールを見たほうがいいと思うよ。それができれば、絶対にうまく打てるようになるよ」

とアドバイスをすることで、お互いに気持ちよく練習ができるようになります。

そして、いまの説明からもわかったと思いますが、どのような仲間と一緒に練習をする

かということが、上達の大きなポイントになります。

もしも、一緒に練習をしている仲間が毎回のように、「もっと動いてくれないと、練習にならないよ」と文句を言ったり、すぐにやる気がなくなってしまって、ダラダラと練習をしたあげくに、「今日は暑いから練習をやめて飲みに行こうよ」と誘うような人たちでは上達は難しいです。

反対に、仲間がいつも真剣に練習をしていて、

「悩んだら、すぐに相談してね。お互いにがんばって上達をしよう」

と励ましてくれるような人たちだったら、上達の大きな支えになるはずです。

人は環境に左右されてしまう生き物です。

もしも、いまの仲間が上達の妨げになるような人たちだったら、思い切って練習の環境を変えることを考える必要もあります。自分で真剣に、上達を目指している仲間をつくることもできます。上達のためには、素晴らしい仲間と練習ができる環境が必要です。

第7章

上達を維持するために把握すること

上達するためには目標を明確にすることが大切ですが、それだけでは不十分です。

たとえば、登山をするときに、頂上に到達するという目標がはっきりとしていても、自分がどこまで登っているのかを把握できなければ不安になってしまいます。

自信を持って練習を続けるには、目標に対して自分自身が置かれている現状のレベルを把握する必要があります。

さらに、目標と現状との違いを認識することで、練習のペースや内容の修正をおこなうこともできます。

この章では、いまの実力が目標に対して、どのぐらいのレベルにあるのかを確認して、それを活用する方法を考えてみましょう。

35 上達のためにおこなった練習の記録を形に残す

自分自身が上達している状況を把握するには、まず、練習の記録を残す必要があります。たとえば、スポーツならば、できるだけ自分が練習をしている姿を動画に撮って残すようにしておきましょう。

いまは、スマートフォンやパソコンで動画を分類して残しておくことも簡単にできるようになったので、動画を撮影した日時だけではなく、一緒に練習をした人の名前や練習内容、気づいた点なども動画と一緒に残しておくと、上達に悩んだときに後から見て活用することができます。

特に、練習をしていて調子がいいと感じたときには、絶対に動画を撮って残しておくべきです。

誰でも経験をしたことがあると思いますが、一度できていた技術を忘れてしまって、できなくなることがあります。

「あんなに調子がよかったのに、どうしたんだろう」

と悩んだときに、調子が良かったときの動画が残っていれば、それを見ながら現状と比べて見ることで、そのコツを思い出すことができます。

そして、記録を残すことができるのは、動画だけではありません。一人で練習をおこなっている場合には、毎回練習を動画に撮るのが、難しい場合もあります。

そのようなときには、練習の内容をノートに書き留めて、上達のためのノート**「上達ノート」**をつくることもおすすめです。

この「上達ノート」には、練習の内容に加えて、コーチからもらったアドバイスやそのときに感じた自分の気持ち、アドバイスを実行した結果なども書き込んでいきましょう。

「私は字がうまくないからノートに書くのはちょっと苦手です」と思ってしまう人がいるかもしれませんが、このノートは人に見せるためのノートではありません。

自分が後から見て読むことができれば十分なので、きれいに書く必要もありません。

それよりも、自分だけしか読むことができない走り書きのような字でもいいので、気づいたことや悩んだことを数多く書くことのほうが大切になります。

ノートは動画のように、正確に記録を残すことはできないのですが、ノートに書くという作業を通じて、自分の問題点を整理することができます。技術的なことはもちろんですが、精神的なことも悩んだらすぐにノートに書くようにしましょう。

このようなノートとしては、サッカーで活躍している中村俊輔選手の「サッカーノート」が知られています。

彼はノートに、練習の様子や課題、そして目標を書くことで、プロ選手になる夢を実現することができました。

「自分のプレーに満足せずに向上心を持ち続ける」

「日本代表、世界に通じるプレイヤーになる」

彼が高校生のときに、サッカーノートに書いた言葉です。

自分の現状を確認して、上達に役立たせるために、動画やノートに記録を残しておきましょう。それが、悩んだときに大きな力になってくれます。

TITLE: 攻撃パターン①　DATE: ○年○月○日

1. サーブを相手のボディに向けて深く入れる

2. リターンが浅くなったらフォアハンドで攻める

3. バック側に来ても、浅ければ※回り込みフォアで逆クロスに攻める

4. 基本的に相手のバック側を狙う

※回り込みフォアの注意点

・ボールに近づきすぎないように、左手をうまく使いしっかり足を動かして回り込む

・肩をしっかり入れてコースを読ませない

・相手がオープンコートに早めに動いた場合は順クロスへ切り替え、ただしコースを狙いすぎないこと

【テニスの上達ノート】

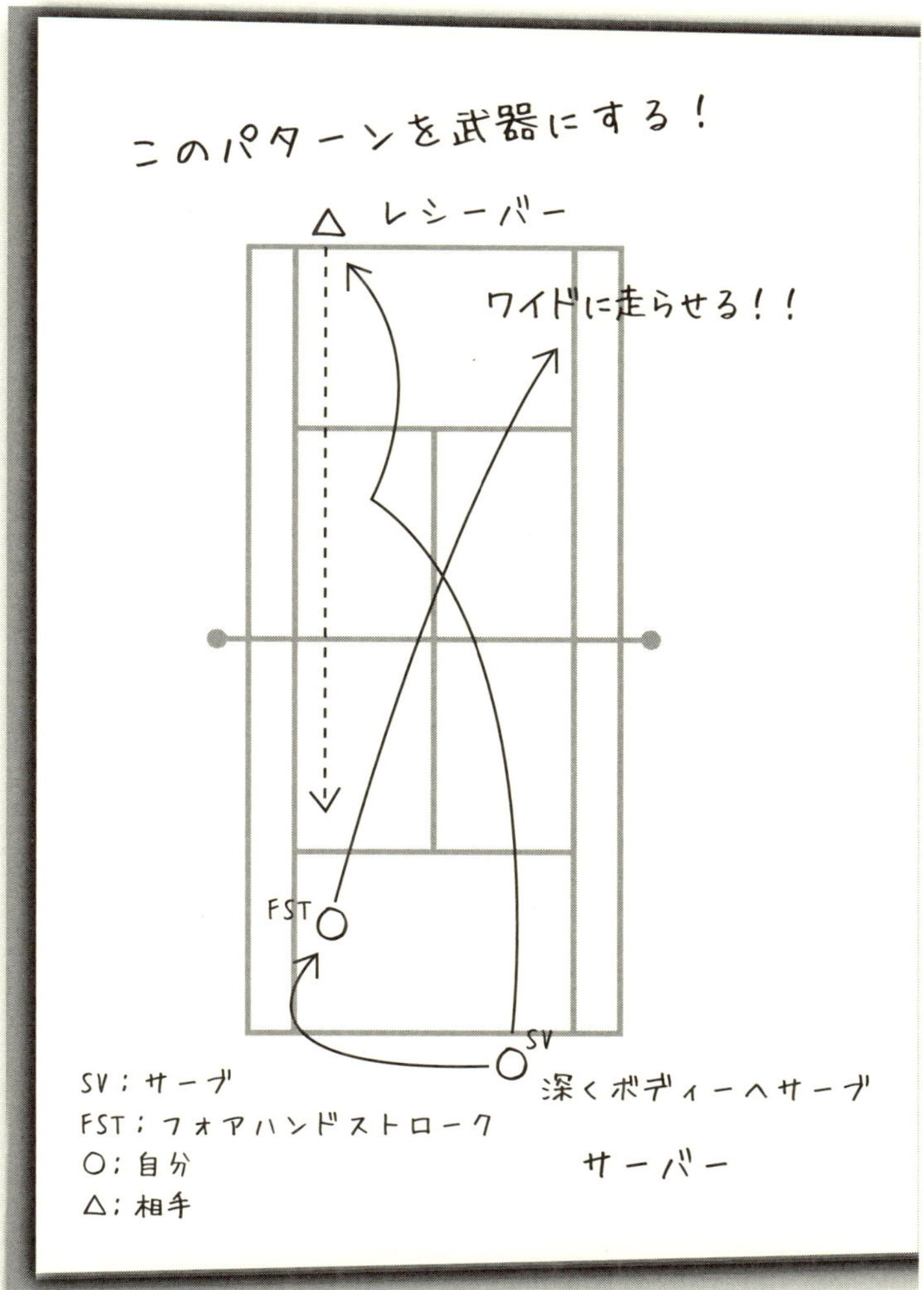
このパターンを武器にする！
△ レシーバー
ワイドに走らせる！！
FST
SV
深くボディーへサーブ
サーバー
SV：サーブ
FST：フォアハンドストローク
○：自分
△：相手

36 具体的な数字で現状を把握しておく

自分の現状を把握するのに役立つのが客観的な数字です。練習の記録をつけるノートには、コーチからのアドバイスや目標に加えて、できるだけ練習の結果を具体的な数字を使って記憶していきましょう。

たとえば、テニスでフォアハンドのストロークの練習をおこなった場合に、「コーチとフォアハンドの練習をおこなった。調子はまずまずだった」

というように記録を残しても、正確に現状を把握することはできません。

そこで、自分の感覚だけに頼って「調子はまずまずだった」と記録する代わりに、後から見てもそのときの状況がわかる数字を使って、練習の記録を残しておく必要があります。

どうすれば、数字で現状を残しておくことができるのでしょうか？

そのためには、**それぞれの技術に対して、練習で測定をおこなう必要があります。**

たとえば、フォアハンドの現状のレベルを把握するためには、どのくらいの確率で、ボールをコートに返しているのかを測定して、その結果を数字でノートに残すようにすればいいのです。

フォアハンドの現状　50球中
・コートに入ったボール　35球（75パーセント）
・アウトのボール　10球（20パーセント）
・ネットのボール　5球（10パーセント）

というようにノートに記録を残しておけば、自分自身の現状を客観的に把握することができます。

そして、このような練習を定期的におこなった結果を次のように表にして、残しておくことで、自分自身の上達をしてきた経緯も認識することができます。

平成26年　フォアハンドの状況（50球中）

実施日	コート入ったボール	アウトボール	ネットのボール
1月7日	35球(70%)	10球(20%)	5球(10%)
2月2日	37球(74%)	8球(16%)	5球(10%)
3月3日	38球(76%)	8球(16%)	4球(8%)
4月6日	38球(76%)	7球(14%)	5球(10%)
5月7日	40球(80%)	5球(10%)	5球(10%)
6月6日	41球(82%)	6球(12%)	3球(6%)
7月2日	42球(84%)	4球(8%)	4球 (8%)
8月4日	42球(84%)	3球(6%)	5球(10%)
9月1日	43球(86%)	2球(4%)	5球(10%)
10月3日	44球(88%)	3球(6%)	3球(6%)
11月7日	45球(90%)	3球(6%)	2球(4%)
12月4日	47球(94%)	2球(4%)	1球(2%)

これと同じように、それぞれの技術の測定をおこなって、現状を数字で把握しておくことで、順調に上達をしている部分と伸びていない部分を客観的に掴むことができます。

そして、それを参考にしながら、効果的に練習の計画を修正することもできます。

感覚的に上達の状況を把握しているのと、数字で客観的に自分の状況を把握しているのでは、大きな違いがあります。練習で測定をおこなって、具体的な数字を得るようにしましょう。

37 適正な時期に試合に挑戦する

普段の練習の記録をつけていれば、自分がどれだけ目標に近づくことができているのかをある程度は把握することができるのですが、もっとそのことを実感するためには、試合に出場することがお勧めです。

同じように上達を目指している人と対決することで、自分の実力がどのくらいのレベルにあるのかが、実感としてわかります。

そして、試合に出場するときには、試合での目標を立てておくと、今後の上達のために大きく役立ちます。

しかし、試合での目標の立て方を間違えてしまうと、自信を大きく失ってしまう場合があるので注意が必要です。

たとえば、テニスの試合に初めて出場をする人が、優勝を目標にしてしまったらどうでしょうか？

出場するからには優勝を目標にするという考え方もあると思いますが、本気で優勝を目指していたのに、もしも1回戦で負けてしまったら、大きく自信を失ってしまうことになってしまいます。

それでは、目標を大きく下げて、「1回戦を必ず勝つ」ということを目標にすればいいのでしょうか？

優勝を目標にするよりは、1回戦に勝って自信を得ることができる可能性は高くなりますが、それでも1回戦を必ず勝てるという保証はありません。

もしも、優勝候補と対戦してしまえば、負けることになってしまいます。

このように、「優勝」や「1回戦を必ず勝つ」というような結果を目標にしてしまうと、対戦する相手に大きく左右されてしまうことになってしまいます。

そこで、試合の目標を立てるときには、試合の結果ではなく、試合で自分自身がおこなうことを目標にします。

相手に左右されずに自分自身が実施すれば達成できることを、試合での目標にしたほうが、自信を失うリスクが少なく、上達のために得るものも大きいです。

「自分のできることをやりきれば、勝利という結果は後から必ずついてくる」

という考え方が重要です。

たとえば、テニスの試合での目標ならば、「ファーストサービスの確率を50パーセント以上にする」というようなことになります。「リターンの確率を50パーセント以上にする」という目標も同じように思えますが、この目標は相手に左右されてしまう目標なので、「リターンのときに最後までボールをよく見る」というように、自分自身で達成できる目標に直したほうがいいと思います。

目標を立てるときには、技術的な目標だけではなくて、精神的な目標を立てておくことも重要です。

試合では、どうしても緊張をするので、練習のときの実力が出せなくて当たり前です。「緊張している場面でも、積極的に攻撃をする」とか、「最後まで、勝利をあきらめないで全力を出す」というような精神的な目標を立てておきましょう。

いつも練習をしている仲間と離れて、初めて試合に挑戦することは、とても勇気がいることだと思います。

うまく目標を立てることができたとしても、自分の実力が思っていた以上にないことがわかって自信を失ってしまうこともあるかもしれません。

しかし、自分を評価されることから逃げてしまっていたら、上達はできません。

本当にがんばって練習をしてきたのなら、試合の結果が悪くても得るものがたくさんあるはずです。

38 試合を分析する

試合が終わったら、その結果がどのような結果だったとしても、必ずそのことを振り返りながら自分自身を分析することが大切です。

特に、結果が悪かったときには、考えることが苦痛になることもあるかもしれませんが、見たくない現状を見ることができなければ、上達することもできません。

できれば、試合を動画で撮影しておいて、コーチと一緒に分析をおこなってみましょう。

もしも、そのことが難しい場合には、試合の場面を最初から思い出しながら、自分自身で気づいたことをノートに書いて、振り返ってみることです。

まずは、試合の前に目標にしていたことが、できていたのかどうかを確認してみましょう。

たとえば、テニスの試合で、**「ファーストサービスを50パーセント以上入れる」**ということを目標にしていたのなら、実際はどうだったのかを確認してみます。

もしも目標通りにできていれば、このことについては試合に負けていたとしても、自分自身を認めてほめてあげればいいと思います。

「試合には、負けてしまったけれども、やるべきことはできていた」

と自信を持っていいはずです。

しかし、目標を達成できていなかった場合には、試合には勝つことができていたとしても、その原因を考えてみる必要があります。

技術的に考えてみて、練習のときと何が違っていたのか、精神的にはどのような影響を相手や環境から受けていたのか、というように、できなかった原因を考えてみます。

そして、考えられることをノートに書き残しておきましょう。

ただし、このときに、原因を一つに決めつける必要はありません。いろいろな要因が重なっている場合も多いので、思い浮かんだことをすべて書き残しておいたほうが、今後の練習にも役立ちます。

そして、試合前に考えたやるべき目標を達成していたのに、勝利という結果がついてこなかった場合には、相手の力が自分の実力よりも上だったことになります。

その相手と自分を比べて、自分とは何が違っていたのかを技術や精神的な部分などに分けて考えてみましょう。

テニスの場合ならば、

「相手のサービスは、自分と比べて、よかったのか悪かったのか？」

「試合に対する集中力は、自分と比べて、どうだったのか？」

ということを考えてみます。

さらに、フォアハンドのミスの数はどのくらい違っていたのか、バックハンドのエースは何本ずつだったのか、というように具体的な数字を調べて確認することで、自分自身では、気がつかなかった違いを見つけることもできます。

どんな試合でも、勝者と敗者を分けている違いが必ず何かあります。試合を分析することで、さらに上達をするためには何が必要なのかということがわかります。

39 ビジュアルで残す

上達のモチベーションを保《たも》つには、現状を把握すると同時に、過去におこなってきた練習の成果を実感できることが重要になります。

そこで、試合で達成することができた実績や、これまでの練習を積み重ねた成果を目に見える形にして、残す工夫をしてみましょう。

たとえば、どんな小さな試合でも、出場して勝つことができた場合には、勝って喜んでいる写真に、そのときに感じた嬉しい気持ちを添《そ》えて、コルクボードなどに貼っておきます。このようなボードを作っておけば、上達を目指していく過程で自然と写真の枚数が増えていくと思います。

そして、そのコルクボードを目につく場所に飾っておけば、これまでの実績をいつも感じることができます。

もしも、表彰状やトロフィーがもらえるところまで勝ち上がれた場合には、それらも一緒に飾っておきましょう。

また、得ることができた成果だけではなく、練習を積み重ねてきた努力を見える形で残しておく工夫も大切になります。

たとえば、毎日のように、素振りの練習を繰り返している人なら、これまでの素振りの合計数を見えるところに掲示して、自分自身でいつでも確認ができるようにしておきましょう。

コルクボードに毎日数字を書いたカードを貼ってもいいのですが、壁に掛けられるような小さなホワイトボードもありますので、それにこれまでの素振りの回数を書いておいて、素振りをした後に、前の数字を消してその日の数を加えたものに書き直すようにすればいいと思います。

毎日50回の素振りでも、1年間続けることができたら、合計は18000回以上になります。このような実績を毎日、目にすることができれば、それまでの努力を実感することができるので、大きな自信につながります。

そして、これまでの実績や努力の結果と同じように、いつも上達の目標を確認することも大切です。

自分が目標にしている選手や憧れの場所の写真と一緒に、自分の目標を書いたものをコルクボードに貼って、見えるようにしておきましょう。

テニスの上達を目指している人なら、錦織選手やウィンブルドンのセンターコートの写真と一緒に、自分自身の目標を書いて貼っておくといいと思います。

前にも説明をしましたが、想像ができないことを実現させることはできません。明確に達成している姿を想像することが上達の大きなポイントになります。

実績や目標は、見るたびに意識を高めてくれるので、上達に役立ちます。ビジュアル化して、いつも目にするところに貼っておきましょう。

おわりに

きっと上達できる。その自信が次のステージに上げる

錦織選手は、テニスを大きく飛躍させたことで、自分の置かれている状況も大きく変えてしまいました。

それまでは、テニスをやっている人たちの中にも彼のことを知らない人がいたのですが、いまではテニスのルールを知らない友人からも、彼の話を聞くことが多くなりました。

そして、このことは、彼のようなプロ選手に限ったことではありません。

もしも、あなたが何か一つでも、まわりの人から一目を置かれるような得意なことを身につけることができれば、思っていた以上に、状況が大きく変わります。

どのように、状況が変わるのでしょうか？

最後に、上級者と呼ばれるほど得意なことが一つあることで、どのように状況が変わって、その結果が人生にどんな影響を与えるかについて考えてみましょう。

●上達した経験が本物の自信をくれる

もしも、あなたが、どんなことでも、得意なことを何か一つだけでも身につけることができれば、仕事やプライベートにも役立つ大きな力を得ることができます。

その一つが、自分の心を安定させてくれる本物の自信です。

本物の自信がある人は魅力的で輝いて見えます。会社に勤めている方ならば、上司や部下の信頼を得ることができます。お客様から信頼されて、売り上げを伸ばすこともできると思います。また、プライベートでも家族や友人に頼りにされるので、充実した毎日を過ごすことができます。

そして、誰でも、自信を持って生きている人に憧れます。

自分を魅力的に輝かせてくれる、本物の自信を手に入れるのに役立つのが、何かを上達させた経験です。上達する過程にあった落ち込みや悔しさを乗り越えた経験が、本物の自信を与えてくれます。

何かを本気で上達させようと考えて、行動を起こせば、自分自身の心が傷つくのを避けることはできません。

どんなことでも初めからうまくできる人はいないからです。得意だと思っていたことを否定されて、大きく自信を失ってしまう場合もあります。

たとえば、絵を描くのが好きな人が、もっと上達して、プロのレベルに近づきたいと考えて、本格的に絵を習い始めたとしたらどうでしょうか？

習い始めるきっかけが友達や家族から、

「本当に絵がうまいね。絶対に仕事にしたほうがいいよ」

と言われて、その気になって習い始めた人でも、それを仕事として生きているようなレベルの上級者からみれば、構図の基本ができていなかったり、色の使い方が単調だったりという欠点を指摘されることがあるはずです。

「こんな色使いじゃ。この絵のすべてが台無しだよ」

と言われることもあるかもしれません。このようなときに、

「プロから見れば、私の絵はダメなんだ。こんなに酷いことを言われてまで、うまくならなくてもいいや。もう絵を習うのをやめよう」

と、すぐに上達をあきらめてしまえば、自分自身の心が傷つくことは避けられますが、それを乗り越えて、自分の絵に対する本物の自信を手に入れることもできなくなります。

どんなことでも、上級者になるためには、乗り越えなければいけない壁があります。

人から上級者として尊敬されるような技術や能力を身につけている人は、何回も挫折を経験してきたはずです。

「こんなに練習をしたのに、力が出せなくてなさけない」

「本当に私はダメなやつだ」

というように何回も心が傷ついて、自己嫌悪になったこともあったはずです。

しかし、得意なことを手に入れるために、

「2度とこのような悔しい思いをしたくない。もっと練習しよう」

というように傷ついた心を立ち直させて努力を続けてきました。

そして、上級者になるために乗り越えなければいけない大きな壁を乗り越えて、自分自身に対する満足感と本物の自信を手に入れます。

「あのとき、先生が私の絵を酷評してくれたおかげで、いまの私があります」

と試練を与えてくれた人に感謝することもできるようになるのです。

このような経験をして、何かを上達させたことがある人は、どんなことも努力をすれば必ず乗り越えられるという自信を手に入れています。

人生では、思いもよらないことから大きな挫折を経験させられることがあります。

上達する経験を積み重ねて、どんなことに対しても、いまはできなくても、本気になればできるようになれるという本物の自信を持つことができれば、大きな挫折を経験しても、立ち直ることができるようになります。

●何か上達させた経験があれば、他のことにも応用できる

いまの世の中は、あらゆることが急速に進歩しています。

特に道具の進歩は速く、仕事はもちろんですが、プライベートでも、道具を使いこなす技術を早く上達させなければ、快適に過ごすことが難しくなっています。

また、新しく世の中に登場した道具をうまく使うことできないために、他の人に迷惑をかけてしまうケースもあります。

少し前まで、携帯電話では、電話をかけることと受けとることができれば、十分だったのですが、いまは、メールもできなければ、仕事で困るだけでなく、家族や友人に迷惑をかけてしまうこともあります。

「道がわからなくなったら、スマホのナビを使って来てください」

と、友人と待ち合わせをしたときに、当たり前のように言われる時代になってきました。

「私はゆっくりと、自分のペースで生きたいんだ。何も上達しなくていい。そんな努力は

したくない」

と抵抗したくても、時代がそれを許してくれません。

新しい道具をうまく使いこなせるかどうかで、人生が大きく変わってしまいます。

このような時代を乗り越えるのに必要なのが、どんなことでもいいので、何かを上達させたことがある経験です。

一度でも、そのような経験がある人ならば、上達させなければいけないことにぶつかったときに、上達を達成した自信があるので、「これは私には無理だ」というように簡単にはあきらめません。

どのようなアプローチで上達をさせればいいのかが、ある程度、過去の経験からもわかるので、前向きに、効率よく取り組むことができます。

たとえば、テニスの上級者がゴルフを始めようと思えば、自己流で闇雲《やみくも》に始めるのではなく、最初に、ゴルフの基本を本やインターネットで調べたり、ゴルフスクールに通って、信頼のできるコーチを見つけて、アドバイスをもらうようにします。

スポーツは最初の基本が大切で、一人で悩んでしまって、フォームに変な癖をつけてしまうと、あとから直すには、大変な苦労をすることが、テニスを上達させた経験からわかっているからです。

ゴルフとテニスは同じスポーツの分野になりますが、上達のポイントは分野が変わっても役立てることができます。

テニスの上達のポイントの一つは、ミスを恐れないで新しい技術に挑戦して、失敗から学ぶことですが、このことは携帯電話を使いこなせるようになるためにも有効です。携帯電話が壊れてしまうかもしれないと恐れて、新しく加わった機能を使おうとしなければ、上達をすることはできません。

何か一つでも真剣に取り組んで上達させた経験のある人は、上達をさせなければいけないことが、急に現れても、前向きに取り組むことができます。

上達させた経験を他のいろいろな分野の上達にも活かして、人生を豊かにしていきます。

●得意なことを中心に充実した人間関係を築くことができる

人よりも得意なことが一つでもあれば、その分野では、コーチや先生と呼ばれる存在になります。実際には、コーチや先生と呼ばれることが少なくても、

「〇〇の事だったら、〇〇さんに聞いたほうがいいよ」とか、

「それは、〇〇さんに一度、相談をしてみれば」

と言われる存在になるので、その力を他の人に貸してあげて、役に立てることが多くなります。そのことで、自分が感謝されるような人間関係が自然に広がっていきます。

さらに、上達させた得意なことを利用して、社会人サークルや趣味の会などの集まりを作って、人間関係を広めることもできます。

このような話をすると、得意なことがなくても、まわりの人たちと仲よくして異業種交流会などに参加すれば、人間関係を広げることはできると思うかもしれません。

たしかに、他の人よりも得意なことがなくても、人間関係を広げることはできます。

しかし、得意なことと、そうでないことでは、まわりの人に与える影響力が違います。自分が得意なことがあれば、積極的にまわりの人たちを助けてあげることができます。

そのお礼として、助けてもらうこともありますので、人間関係が広がるだけでなく、お

互いに助け合うような深い人間関係をつくることができます。

たとえば、ダンスが得意な人が、ダンスを楽しむ社会人サークルをつくったとしたら、どうでしょうか？

そこに集まってくる人たちから見れば、あくまでダンスという分野だけですが、この人は先生ということになります。集まってくれた人にダンスのコツを教えてあげて、感謝されることもあると思います。

当然、ダンス以外の分野では、この人以上に得意な人が多く集まっていますので、この人がその分野で困ったときに、集まってくれた人が助けてくれることもあるはずです。

私もテニスの社会人サークルを運営して、集まってくれた皆さんとテニスを楽しんでいますが、思っていた以上にいろいろな分野の専門家の皆さんが参加してくれています。

整体の先生やデザイナー、ライフプランナーなどの人たちが集まってきてくれていますので、仕事だけではなく、プライベートでも助けてもらうことが多く感謝しています。

スポーツの練習会以外にも、お酒に詳しい人なら、美味しいお酒を楽しむ会を作って、定期的に飲み会をやる。絵が得意な人が美術館を巡る会をするのもいいと思います。

どんな人たちと、一生を通じて付き合っていくのか？

人生は人間関係で大きく変わってしまいます。

一つでも何かを上達させて、得意なことをつくることができれば、そのことを中心に、お互いに助け合えるような人間関係を広げることができます。

●最後に、もう一つだけ

いま、あなたが何かを上達させようと、夢中になっているのなら、ぜひあきらめないで、ずっと続けてください。

上達をさせたいと思えることに出会えて、一生を通じてそのための努力を続けることができた人は幸せだと思うからです。

もしかしたら、人生の最後に、自分が目標としていたところまで上達をすることができなくて、残念な思いをするかもしれません。

しかし、上達のためにできる限りのことをやってきたと確信できるのならば、絶対に後悔はしません。上達を目指すことで得ることができた多くのことに感謝することができると思います。

私の人生で、このことだけはやり続けることができた——人生の最後に、何か一つでも、このように振り返ることができれば幸せだと思います。

中山和義

参考文献

オイゲン・ヘリゲル著　柴田治三郎訳『日本の弓術』岩波文庫
W・T・ガルウェイ著　後藤新弥訳『インナーテニス』日刊スポーツ出版社
ダグ・レモフ／エリカ・ウールウェイ／ケイティ・イエッツイ著　依田卓巳訳
『成功する練習の法則：最高の成果を引き出す42のルール』日本経済新聞出版社
髙橋秀実著『「弱くても勝てます」：開成高校野球部のセオリー』新潮社
高岡英夫監修・著　運動科学研究所編『スポーツ・武道のやさしい上達科学』恵雅堂出版
ジョン・ウドゥン著　武井光彦監訳『ジョン・ウドゥン　UCLAバスケットボール』大修館書店
中村俊輔著『夢をかなえるサッカーノート』文藝春秋
岡本浩一著『上達の法則：効率のよい努力を科学する』PHP研究所
ダニエル・コイル著　弓場隆訳『才能を伸ばすシンプルな本』サンマーク出版
ジョージ・レナード著　中田康憲訳『達人のサイエンス：真の自己成長のために』日本教文社
錦織圭／秋山英宏著『頂点への道』文藝春秋

著者略歴

中山和義（なかやま・かずよし）

海外のスポーツビジネスを経験。帰国後、ヨネックス株式会社勤務、300人以上のテニスコーチとの契約を担当。退社後、父親の経営する緑ヶ丘テニスガーデンの経営改善に着手。赤字テニスクラブを業界トップクラスのテニス施設に改善。その後、テニスショップ、テニスサポートセンターをオープン。テニスコーチとしての経験から、本当にテニスの上達に役立つ商品の製造に着手、オリジナルブランド、ウィニングショットを立ち上げ、テニス練習機、ガット、グリップテープなどを中心に売り上げを伸ばしている。テニス普及のためのNPOテニスネットワークを設立。三鷹青年会議所の理事長を務めるなど地域ボランティア活動にも力をいれている。経営者と心理カウンセラー、テニスコーチの視点を取り入れた講演も好評。著書は累計40万部のベストセラーシリーズ『大切なことに気づく24の物語』（フォレスト出版）、『試合、本番に強くなる心と体のRF』（実業之日本社）、『生きる力が湧いてくる感動の言葉』（学研パブリッシング）、『すれ違ってしまった相手との心の修復法』（PHP研究所）、『人生が変わる感謝のメッセージ』（大和書房）、『父親業！』（きずな出版）など多数。
日本メンタルヘルス協会公認心理カウンセラー
公益社団法人日本テニス事業協会　研修委員長

きずな出版

上達のコツ
コツをつかめば、誰でもレベルを上げられる

2015年8月1日　第1刷発行

著　者　中山和義
発行者　櫻井秀勲
発行所　きずな出版
東京都新宿区白銀町1-13　〒162-0816
電話03-3260-0391
振替00160-2-633551
http://www.kizuna-pub.jp/

装　幀　福田和雄(FUKUDA DESIGN)
編集協力　ウーマンウエーブ
印刷・製本　モリモト印刷

ISBN978-4-907072-37-7

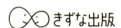